项目导向型企业商业模式设计及绩效提升策略研究

Project Oriented Enterprise Business Model Design and Performance Improvement Strategy Research

刘卫星　著

科学出版社
北京

内 容 简 介

商业模式作为企业战略实施和提高竞争能力的重要工具，已经成为国内外研究热点。本书是一部专门针对项目导向型企业商业模式进行研究的学术著作。本书在系统归纳国内外研究成果的基础上，界定了项目导向型企业商业模式的概念与构成，从项目特征角度分析了影响商业模式设计的内外因素，通过理论与实证研究，揭示了商业模式及其影响因素对企业绩效的作用机制，阐述了项目导向型企业商业模式设计、实施与评价的基本步骤和方法，采用系统动力学方法对商业模式系统进行了模拟仿真，在此基础上，给出了提升企业绩效的对策建议。本书紧密结合项目导向型企业实际，理论研究与实证研究并重，内容系统、完整、逻辑性强。

本书可供类工程管理领域的项目经理、企业中高层管理者及高等学校的教师、研究生参考，也可以作为高等学校研究生课程、本科生选修课程教材使用。

图书在版编目(CIP)数据

项目导向型企业商业模式设计及绩效提升策略研究=Project Oriented Enterprise Business Model Design and Performance Improvement Strategy Research/刘卫星著.—北京：科学出版社，2017

ISBN 978-7-03-056083-4

Ⅰ. ①项… Ⅱ. ①刘… Ⅲ. ①企业管理-商业模式-研究 Ⅳ. ①F272

中国版本图书馆CIP数据核字(2017)第315292号

责任编辑：刘翠娜 / 责任校对：郭瑞芝
责任印制：张 伟 / 封面设计：正典设计

科 学 出 版 社出版
北京东黄城根北街 16 号
邮政编码：100717
http://www.sciencep.com

北京凌奇印刷有限责任公司印刷

科学出版社发行 各地新华书店经销

*

2017 年 12 月第 一 版 开本：720 × 1000 B5
2019 年 3 月第三次印刷 印张：10 1/4
字数：220 000

定价：98.00 元

(如有印装质量问题，我社负责调换)

前　言

1. 写作背景

商业模式起源于电子商务领域，随着基于互联网的新型企业的出现，许多传统企业也意识到了商业模式对企业经营带来的深远影响，世界级管理学大师彼得·德鲁克说："当今企业之间的竞争，不是产品和服务之间的竞争，而是商业模式之间的竞争。"中国企业竞争将不可逆转地进入商业模式变革转型中，面对日益复杂的内外部环境，项目导向型企业如何借助商业模式这一新工具来提升企业绩效水平，保持竞争优势，成为理论界和实务界关心的焦点。

本书的出版，既在理论上紧随商业模式理论的前沿，提出系统的研究框架和创新性见解，又在实践上为项目导向型企业管理者提供政策建议。

2. 本书特点

系统性。本书针对项目导向型企业特点，对项目导向型企业商业模式内涵、构成、设计、实施、评价展开了系统的理论与实证研究，提出了提高企业绩效的政策建议。

理论与实证结合。本书从理论层面剖析了项目导向型企业商业模式与企业绩效关系机制，针对国内企业进行了大样本统计研究和系统模拟仿真，理论与实证互为补充。

实用性。本书揭示了项目导向型企业内外影响因素对商业模式及企业绩效的作用机制，并针对项目导向型企业绩效提升提出了建议和办法，具有一定的可操作性。

3. 致谢

本书在撰写过程中得到了长安大学经济与管理学院白礼彪老师的支持，同领域的专家对本书给予了很多建议，吉林省送变电工程公司、天津送变电工程公司等企业也提供了大量有益的建议和案例线索。在此谨向学术界、实务界同仁表达谢意。写作过程中，东北电力大学建筑工程学院的同事、科学出版社刘翠娜编辑以及我的家人给予了无私的帮助和鼓励，在此一并表示感谢！

本书得到了吉林省教育厅"十二五"社会科学研究规划项目"项目商务特征对企业商业模式及绩效影响的实证研究"、东北电力大学博士科研启动基金项目及东北电力大学软科学与人文社科专项的资助，在此表示感谢！

刘卫星

2017年10月于吉林

目　　录

第1章 绪　论

1.1 问 题 提 出

1.1.1 现实背景

随着科学技术不断进步和经济的不断发展，企业面临的外部环境越来越复杂，突出表现在技术进步越来越快，企业分工越来越细，经营网络化，市场需求个性化、多样化。企业为了提高绩效，获得持续竞争优势，需要改进传统商业模式。

1. 技术进步越来越快

当前各种新技术、新工艺不断产生并投入应用，企业技术更新的速度越来越快，尤其是信息技术的出现，改变了原有生产和组织方式，使企业生产效率得到极大提高，也为企业创造新产品、开拓新市场提供了机遇。因此，技术进步改变了企业的外部环境，使企业在经营过程中更关注外部技术带来的变化，也使企业比以往任何时候都更重视技术创新能力。

2. 企业经营网络化

经济全球化的迅速发展，加速了企业与外部的联系，尤其是物流业的发展和信息技术的广泛应用极大地促进了产业和要素在全球范围的自由流动，使企业可以充分利用外部资源，整合现有能力，网络化经营已经成为获取竞争优势的重要手段。

3. 客户需求不断变化

随着时代的发展，客户自我意识不断提高，需求呈现多样化和个性化，突出体现在由单一的产品需求向产品及服务复合需求转变，从需求层次上看，从低层次需求向高层次需求发展。因此，企业在市场竞争中需要时刻关注客户需求的新变化，以客户价值为中心来提供产品和服务，并通过创造新的客户价值来实现盈利。

与大多数企业一样，项目导向型企业面临着传统产业边界变得越来越模糊、顾客需求变化快、项目生命周期变短、市场竞争程度加强等问题，企业运行方式和商业游戏规则变得越来越复杂，企业竞争从市场份额争夺转向客户价值创造，从要素竞争转向系统竞争，从局部竞争转向整体竞争。因此，能否利用商业模式这个战略管理的有效工具，应对快速多变的市场环境，获得并保持竞争优势成为项目导向型企业面临的重要问题。

1.1.2 理论背景

商业模式实践最早始于古代的商业贸易活动，其概念最早于 1957 年出现在 Bellman 和 Clark 发表在《运营研究》上的《论多阶段多局中人商业博弈的构建》一文中。尽管如此，在之后的很长一段时间里，商业模式的概念仍然没有引起人们的重视，直到 20 世纪 90 年代中期互联网和电子商务盛行之后，商业模式才逐渐引起理论界的关注，并且成为企业界最时髦的术语流行起来。从最一般的意义上讲，商业模式就是企业"做生意或赚钱的方式"，这是任何一家企业从诞生之日起就面临的问题。"商业模式"的概念在 20 世纪 90 年代开始被人们重视，并逐渐影响人们的工作方式，改变商业活动的运作方式。著名的管理学大师彼得·德鲁克也曾经说过："当今企业之间的竞争，不是产品之间的竞争，而是商业模式之间的竞争"。可以看出商业模式是企业的生存和发展的根本，也对企业的生存和发展有着决定性的影响。从商业模式历史变革的进程中我们可以看出，环境的变化是商业模式产生变化的根本原因，信息化、市场化和全球化带来市场环境的纷繁复杂、变幻莫测，促使原先各个相对独立的市场逐渐融合到一起，企业传统边界的概念也逐渐被打破，而企业之间的竞争重点也从市场份额的竞争逐渐转到客户价值、从要素竞争转到系统竞争、从局部竞争转向全局竞争。因此，在产业边界逐渐模糊、客户需求不断升级和产品生命周期不断缩短的环境剧烈变化的背景下，商业模式的实践作用也开始变得越来越明显，商业模式关注的就是全面、整体、系统化的设计和创新，不仅整合和利用企业自身的资源，而且更重要的是关注到企业之外的利益相关者，也就拓展了原先企业的组织边界。

商业模式为企业竞争提供了新的视角，被作为战略管理的理论工具。目前，商业模式的理论研究集中在商业模式的定义、构成方面，由于学者们在商业模式概念、商业模式的结构体系、理论范畴等方面缺乏统一的认识，目前还没有形成一个统一的相对完整的理论体系。有关商业模式如何有效地应用于企业实践，由于理论研究落后于实践需要，还未达到指导企业实践的目的。因此，从理论背景上看，我们有必要对商业模式及其对企业绩效的影响做深入研究，进而探究商业模式对企业绩效的作用机制，为企业商业模式实践和改善企业绩效提供理论依据。

1.2 商业模式研究理论

1.2.1 商业模式概念研究

商业模式一词来源于英文中的 Business Model，该术语在中文中有多种翻译方法，如商业模式、商务模式、经营模式、业务模式等，中文翻译的不同其实反映了研究者对于该词的不同理解。“商业模式”一词可以追溯到远古时代的交易和经济行为，但直到20世纪中叶，随着互联网的出现，商业模式在各大媒体中开始出现并被人们所接受。由于商业模式涉及内容繁杂，学者们在研究中通常从自己的研究角度对其给出定义。

Linder和Cantrell(2000)认为商业模式是新型的组织结构，该结构的目的是创造价值，为了进行价值创造，组织必须形成一个有机整体，并且具有一定结构，同时相互之间进行作用，通过价值活动联系在一起。因此，商业模式的研究既包括商业模式由哪些要素构成，又包括这些要素之间如何联系，实质上商业模式是一个以价值创造为目标的组织系统。组织结构之间分工明确，各个组成部分要有机联系在一起，共同作用，建立良性循环。

Amit和Zott(2001)从交易成本理论的维度，认为商业模式是企业或交易主体为了进行交易在交易内容、交易结构和交易方式上进行的独特设计或组合，交易内容、交易结构以及交易治理三者缺一不可，共同决定了商业模式带来的价值大小，在商业模式的运行上表现在能否实现高效率、流程互补、客户锁定、新颖性，是电子商务价值创造之源。

Magretta(2002)把商业模式比做日常生活中的情景和故事，认为企业为了实现价值创造需要建立基本的故事情节，并构造任务和动机，故事以创造价值为目标，要想使目标能够实现，商业模式必须通过一定的动机激发人的潜在能力，使不同主体按照同一个目标来行为，实现为外部客户和内部客户创造价值。

Chesbrough和Rosenbloom(2002)基于他们开创的开放创新理论，指出商业模式可以将技术与经济有机联系在一起，商业模式可以完成技术到经济的转换过程，这种商业模式的投入物是技术，而产出是价值。但Chesbrough对商业模式的定义不包括技术以外的投入要素，因此技术转换的成分多一些，但后来他自己也提出商业模式不仅仅事关技术，并对该定义进行了完善。

Osterwalder(2004)认为商业模式是一种综合的框架或蓝图，包括企业内部和外部相关的构成要素，这些构成要素之间相互联系，从功能来看，有生产前端，即为客户提供产品或价值，也有生产后端，即为企业赢得现金流。因此，商业模式是用来解释企业商业逻辑的概念性工具。商业模式能够在企业架构下阐述企业如何为创造顾客价值、如何通过构建内部高效的运作组织结构，建立和形成伙伴关系，有效开展价值创造，并通过交换获得利润维持现金流。

罗珉等(2005)将商业模式视为一个组织的一种战略意图，在该战略意图下企业通过对企业内部和外部各种资源及能力整合，有效地在企业、客户、员工、供应商、股东等利益相关者之间进行平衡，使企业利益与客户利益保持一致。

原磊(2007)将商业模式按照价值创造流程定义，商业模式包括价值主张、价值创造、价值网络和价值维护四个模块，不同价值流程的作用是通过对经济逻辑、运作方式和战略方向等具有内部关联性的变量进行重新设计和整合，基于顾客价值的创造，实现企业及利益相关者的价值。

商业模式是一个多构面、多层次的概念，不同学者研究的视角不同，对于商业模式的理解，有的从系统的角度出发，将商业模式定义为一个有机系统，也有的从经济角度出发，认为商业模式是一个从技术向经济转化的工具，还有的从商业模式的本质属性出发，突出商业模式在价值主张、价值创造、价值网络和价值维护中的作用，另外还有的从综合视角对其进行研究(表 1.1)。由于研究者选取的研究视角和方法不同，目前商业模式的定义差别较大。到目前为止，在学术界和企业界中还没有一个能被大家普遍接受的商业模式定义和分类。

表 1.1　商业模式定义

视角	代表学者	商业模式定义
系统	Timmers(1998)	采用系统方法定义商业模式，将其视为由产品、服务和信息构成的有机系统
	Amit 和 Zott(2001)	商业模式描述为一种事务组成要素的体系结构配置，这种体系结构说明了公司、供应商、候补者和客户所组成的网络运作事务的方式
	Osterwalder 等(2005)	商业模式描述了企业为各细分目标市场提供的客户价值，以及价值提供过程中该企业与其伙伴网络为了创造、推广和传递价值所形成的体系结构，以获取收入实现盈利
价值	Afuah 和 Tucci(2001)	商业模式是公司运作的秩序以及公司为自己、供应商、合作伙伴及客户创造价值的决定性来源，公司依据它来使用其资源、超越竞争对手和向客户提供更大的价值
	Linder 和 Cantrell (2000)	商业模式是组织价值创造与传递的核心逻辑
	Chesbrough 等(2002,2003)	商业模式是将商业理念和技术相结合，以获取经济产出的一个分析框架，主要描述了价值创造与传递如何在企业经营中实现
	Dubosson 等(2002)	商业模式是企业在进行价值创造、价值提供时，为了实现价值增值，形成的企业内外网络关系和结构，并在满足客户需求基础上实现持续盈利
经济	Stewart 和 Zhao(2000)	商业模式是一个企业如何赚钱及如何长久维持其利润流的叙述
	Rappa(2009)	商业模式是指做生意的方法，是一个公司赖以生存的方式，一种能够为企业带来收益的模式，规定了公司在价值链中的位置
整合	Applegate(2001)	商业模式是复杂公司的描述，通过商业模式能够研究公司的结构和各结构要素间的关系，以及公司如何响应现实世界
	Magretta(2002)	商业模式解释了企业如何运作，各个部门间的组织关系
	Morris 等(2005)	商业模式的概念划分为三个层面：经济层面、运营层面和战略层面，基于这三个层面可以建立一个商业模式的动态分析框架
	Demil 和 Lecocq(2010)	从企业投入产出角度来看，商业模式就是企业在其实施过程中使其产出大于投入而获得利润的系统

1.2.2 商业模式构成要素研究

商业模式定义决定了商业模式的构成要素，而商业模式的构成要素又是分析商业模式的基础。为了深入研究商业模式的内涵，国内外学者根据各自对商业模式的定义给出了其构成要素，主要研究成果如表1.2所示。

表1.2 商业模式构成

研究学者	商业模式构成要素	要素数量
Timmers(1998)	产况/服务/信息流结构(业务参与者及角色)、参与者利益、收入来源	3
Applegate(2001)	概念(市场机遇、产品/服务、市场定位、收入)、能力(运营模式、组织文化、核心资源)、价值(客户价值、财务绩效、各利益相关者绩效)	3
Linder等(2000)	定价模式、收入模式、渠道模式、业务流程模式、支持网络的业务系、组织形式、价值主张	7
Hamel(2000)	核心战略、战略资源、价值网络、顾客界面	4
Afuah和Tucci(2001)	顾客价值、业务范围、价格、收入、相关活动、互补性、能力、可持续性	8
Petrovic等(2001)	价值模式(产品/服务/体验)、资源模式、生产模式、客户关系模式(渠道/营销/服务)、收入模式、资本模式、市场模式	7
Osterwalder(2005)	产品/服务(价值主张)、客户关系(目标客户、分销渠道、关系)、基础设施(价值配置、核心能力、伙伴网络)、财务(成本结构、收入模式、盈利模式)	4
Chesbrough和Rosenbloom(2002)	价值主张、目标市场、内部价值链结构、成本结构与利润来源、价值网络、竞争战略	6
Bouwman等(2003)	业务(价值主张、市场定位、价值网络)、财务(成本结构)、技术(所需功能)、组织(利润潜力)	4
Lambert(2010)	产品/服务/信息、收入来源、价值链配置、合作网络、客户关系	5
Morris等(2005)	采购要素、市场要素、运营能力要素、竞争要素、财务和融资渠道要素	6
程愚(2004)	企业战略、组织形式与结构、作业流程、价值链、核心能力、财务结构	6
翁君奕(2004)	价值对象、价值内容、价值提交、价值实现、价值获取	4
叶乃沂(2004)	外部市场、客户关系、产品/服务、财务要素、核心资源、业务流程	6
原磊(2007)	价值主张、价值网络 价值维护、价值实现	4
项国鹏和韩思源(2008)	价值主张、价值评定、价值支撑、价值维护	4
魏炜等(2009)	定位、业务系统、关键资源能力、盈利模式、现金结构与企业价值	5
罗珉等(2005)	价值主张、核心战略、资源配置、组织结构、价值网络、产品服务、运营机制、盈利能力	8

由表可看出，不同学者对商业模式的构成要素的解释差异较大，从要素数量上来看，多的划分为8个构成要素，少的有3个构成要素；从要素构成来看，包括了各种业务单元(生产、供应、销售等)、价值流程(价值主张、价值创造、价值网络和价值维护)、投入产出(产品、服务、收入、成本、利润等)；在商业模式构成研究过程中，主要有以下观点：商业模式的组成要素是一个有机整体(Linder和Cantrell，2000)、商业模式构成要素之间需要相互匹配(Magretta，2002)、商业

模式构成要素内外进行作用以创造价值(罗珉等，2005)。下面将对具有代表性的商业模式构成模型进行介绍。

1. Hamel 商业模式构成

Hamel(2000)较早分析了商业模式要素及要素之间的关系，构建了以高效/独特/合适/可获利为驱动的商业模式构成图，如图 1.1 所示。该模型中包括客户界面、核心战略、战略性资源和价值网络四个构成要素，这四个要素在高效、独特、一致性和可获利等驱动力下相互作用形成了三个交互界面，通过交互界面使得商业模式各要素形成一个相互作用、相互关联的整体。

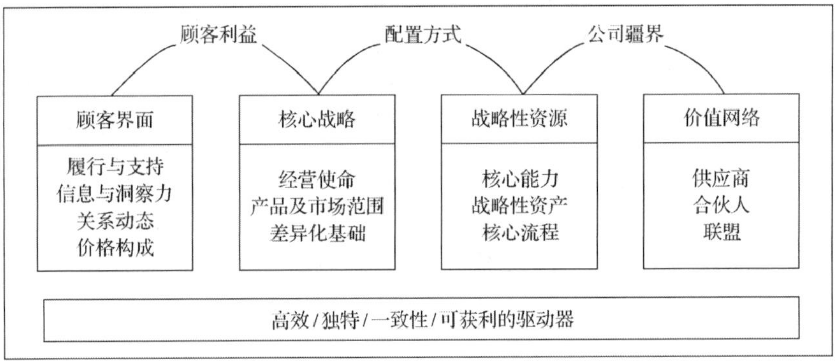

图 1.1　Hamel 商业模式构成

2. Osterwalder 商业模式构成

Osterwalder 和 Pigneur(2002)提出的商业模式结构模型按照企业创造价值的基本业务和流程，将商业模式划分为 9 个基本构成要素。其结构模型见图 1.2 所示，价值主张将价值创造和价值传递连接在一起，是商业模式的核心要素。框图左侧为价值创造部分，右侧为价值传递，并由价值主张进行连接，在不同的资源、流程和客户需求下形成企业的成本和收入，进而决定了企业利润，这反映了作者具有多年的工程化、形式化的信息系统建模研究背景。

3. Bouwman 商业模式构成

Bouwman 等(2003)的商业模式构成要素包括技术、业务、组织和财务。图 1.3 显示技术要素描述业务实现所需要的技术功能；业务要素描述企业根据市场机会所提供的价值主张及市场目标；组织要素描述在制度规则下，企业在创造和分配价值过程中的内部组织和外部网络结构；财务要素体现了企业在提供业务过程中形成的成本结构和利润潜力，企业创造的价值包括客户价值和网络价值。

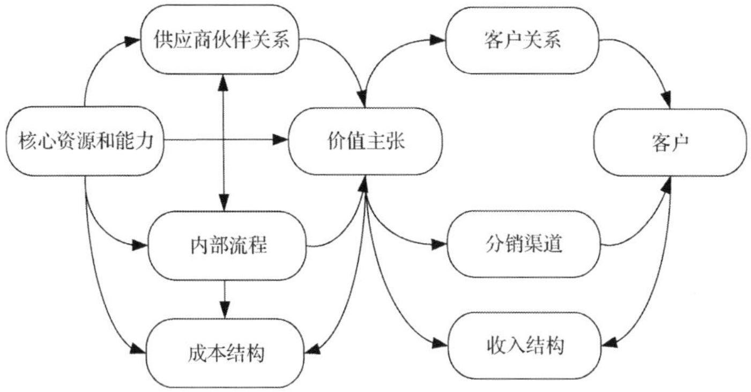

图 1.2 Osterwalder 商业模式构成

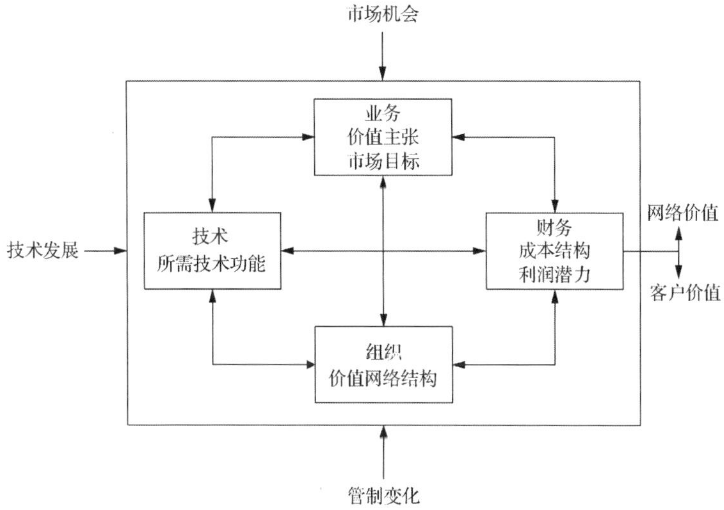

图 1.3 Bouwman 商业模式构成

上述四个组成要素体现了 Bouwman 商业模式具有较强的系统性，企业能否实现经济效益取决于这四个因素的相互配合。现实中铱星计划虽然在技术上有其合理性，但由于该计划没有考虑客户需求，最终没有实现网络价值和客户价值，而导致计划破产。因此，好的商业模式必须保持企业价值和商业逻辑方面的平衡，让每个参与者有积极性来参与，建立相互合作的业务网络来发挥各自优势，以减少成本，产生更大的收益。商业模式设计时要考虑各个要素的外部条件，如技术发展决定了技术功能的水平，市场机会影响到业务选择，市场管制的变化决定了组织结构的设计，网络价值和客户价值的实现是企业获取财务效益的前提。

4. 翁君奕的商业模式构成

翁君奕(2004)的商业模式结构系统模型中存在五大环境，即平台环境、客户环境、伙伴环境和顶板环境与内部环境。其中平台环境包括基础技术、法规政策、宏观经济和社会文化；客户环境包括市场中现有和潜在客户群体；伙伴环境包括上游供应商、联盟伙伴、债权人、各类专业性咨询机构等；顶板环境包括市场中的竞争对手、潜在进入者、替代提供者；内部构造和环境包括企业内部资源结构、人力资源(股东、企业管理层、一般员工)、资产构成(货币资产、实物资产、无形资产)。内部环境和其他四个环境相互作用，形成平台界面、客户界面、伙伴界面、顶板界面，企业通过这四个交互界面与外部进行资源交换，开展企业经营活动，其基本经营活动由客户界面、内部界面和伙伴界面构成，这三个界面称为核心界面。平台界面和顶板界面与企业经营外部环境相关联，被称为关联界面，如图 1.4 所示。

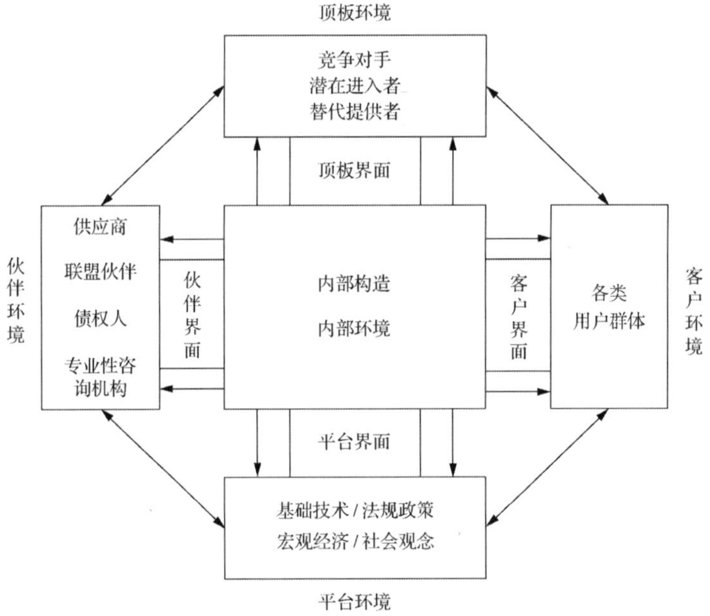

图 1.4 翁君奕的商业模式构成

商业模式是一个创造和提供价值的系统，每个界面都包括价值对象、价值内容、价值提交、价值回收这四个价值单元。因此，商业模式类似一个魔方，在每个界面上，价值单元存在的形式都不尽相同，这四类要素与客户界面、内部构造和伙伴界面的组合构成了不同形式的商业模式类型。

5. Morris 商业模式构成

Morris 等(2005)认为商业模式体现企业宏观环境和内部组织运作间的关系，其构成包括企业战略、组织架构与运作实现，这三个部分相互联系，使企业在特定市场环境下能够保持其竞争优势。具体来讲，商业模式涵盖创业领域、组织结构以及价值链、运营管理、市场细分和可持续竞争优势等内容，可以细分为三个层次和六个要素(图 1.5)。三个层次分别是基础层、特有层和规则层，每个层次又分为六个要素，分别是供给品相关要素、市场要素、内部能力要素、竞争战略要素、经济要素和个人/投资者要素。尽管每个层次的要素类别相同，但要素侧重点却有所差异，基础层关注企业战略竞争的基本方面和一般特性，主要解决创业者必须制定的基本决策，并确保这些决策具有内在一致性，也是特有层能发挥作用的基础；特有层侧重于企业核心资源，通过六个要素的独特组合来创建竞争对手难以模仿的优势，具体表现为企业对内外技术、市场、资本、组织等要素进行整合，在价值网络中增强并保持其影响力，以实现盈利；规则层为企业经营提供指导原则和规范，确保企业战略目标与日常经营策略相一致，是促进企业平稳高效运转的制度保障，保证基础层和特有层正常发挥作用。Morris 等(2006)提出的模式也表明，随着企业发展阶段变化，商业模式也会由低层次向高层次演化，企业初创阶段，基础层建设发挥重要作用，获取要素为企业生存提供了条件；企业发展阶段，特有层决定了企业竞争能力，合理配置不同要素，对企业成长至关重要；企业成熟阶段，完善规则层成为关键，需要保证各个要素相互协调，实现企业永续发展。

图 1.5 Michael 和 Morris 提出的商业模式图

从商业模式概念研究来看，学者们根据不同的研究目的和研究视角给出商业模式的界定和解释，如从战略管理角度、供应链管理角度、组织管理角度研究等，这样的研究必然得出多种多样的结果，且存在一定局限性。Zott 等(2011)在研究了 103 篇关于商业模式文献后发现，超过三分之一(37%)研究根本就没有给出商业模式的定义，不足半数(44%)研究以枚举商业模式主要构成要素的方式给出了定义，有 19%的研究参考其他人的定义，而现有定义中只有一小部分存在重叠。

商业模式的定义具有多重解释，得到的研究结论没有办法进行比较，也很难为后续研究提供借鉴，使得商业模式的理论研究难以持续深入。商业模式领域的研究要想获得根本性的突破，必然要解决理论构建工作，完成这一任务的首要问题就是明确商业模式概念、类型以及研究方法和范式。没有基础理论构建，商业模式的研究就只能作为一个修辞学意义上的概念，难以在实践中广泛应用，这也是目前关于这个领域的研究最突出而且急迫的问题。

从对商业模式的界定来看，对商业模式定义反映出商业模式的不同本质特征。部分学者认为商业模式是一种在商业模式构成要素之间达成一致性的蓝图，商业模式常被解释为一种陈述、说明、表示或模型，这体现了商业模式的实质是其构成要素及其相互关系，也说明了商业模式构成要素的组合方式对商业模式发挥作用起到重要作用；也有学者认为商业模式是组织进行价值创造和传递的工具或转换方式，可以被表述为协调转换机制、运作方式、实施模式等(表 1.3)，这体现了商业模式的实质是一种转化机制。虽然两种观点的出发点不同，但反映了商业模式的本质特点，价值创造和转化是商业模式的根本目标，企业内外相关要素组合和架构是商业模式的外在表现，企业商业模式的外在形式要满足其根本目标的需要，在一定时期内其构成应保持相对稳定，并在内外环境变化时进行调整或变革。

表 1.3　商业模式现有定义

本质特征	商业模式表述	代表学者
构成	陈述	Stewart 和 Zhao (2000)
	说明	Applegate (2001), Weill 和 Vitale (2001)
	表示	Morris 等 (2005)
	模型	Dubosson-Torbay 等 (2002)
	构造	Timmers (1998), Osterwalder (2004)
	结构模板	Amit 和 Zott (2001)
	模式	Brousseau 和 Penard (2006)
过程	协调转换机制	Chesbrough 和 Rosenbloom (2002)
	如何运作的方式	Magretta (2002)
	网络运行模式	Dubosson-Torbay 等 (2002)
	协调运行办法	Afuah 和 Tucci (2001), George 和 Bock (2011)

资源来源：本研究整理。

1.2.3　商业模式与企业绩效的关系研究

1. 国内外相关研究情况

1)商业模式分类与企业绩效关系

国内外的研究都揭示出，不同类型商业模式会对企业的绩效带来不同影响。因此，考察商业模式类型与企业绩效的关系成为研究者普遍关心的问题，他们大都是采用了对商业模式先分类，然后再展开实证研究的方法。

Magretta (2002) 研究了不同类别商业模式会产生不同绩效，认为商业模式会取代企业经营的旧方式，并成为下一代企业家的竞争标准。

Afuah 和 Tucci (2001) 提出商业模式是解释企业竞争优势和绩效的整体构念。Afuah (2004) 把商业模式分解成与企业盈利性决定因素相对应的一系列要素，由此提出一个战略框架，实际上是在商业模型与企业绩效之间建立起了因果关系。

Weill 和 Vitale (2001) 选取了美国最大的 1000 家上市公司，公司规模是根据 2000 年的总收入确定的，根据公司 4 类资产的交易权力、转变程度和涉及的核心资产，把商业模式分为 16 个类型，用 Tobin-Q、ROIC 等财务指标衡量企业绩效，对商业模式和企业财务绩效进行了实证分析。结果显示在衡量企业的财务绩效时，商业模式相比产业分类来说是一个更好的指标，可以更细致地描述价值创造流程，并且有些商业模式的确好于另外一些模式。

Malone 和 Weill (2006) 先对商业模式进行分类，再采用实证分析方法研究商业模式对企业绩效的影响。首先，按照企业资源及其交易权利对商业模式进行分类，划分为十六种商业模式。然后，据此对 1998～2002 年美国所有上市公司进行分类，选取 6 个相关绩效指标对不同类别商业模式进行实证研究。研究显示，不同商业模式之间确实在绩效上有显著性差异，而且商业模式对不同绩效指标的影响存在差异。

台湾学者林易璁和蔡进丁 (2009) 对台湾上市非电子公司的商业模式进行了分类，研究了商业模式和企业绩效之间的关系。结果显示，商业模式与经营绩效确实有关联性，利基市场商业模式的绩效要好于混合型商业模式。

Casadesus-Masanell 和 Ricart (2010) 认为企业商业模式类型划分与企业自身资源和业务有关，会影响企业绩效的结果，企业可以通过不同类型的商业模式展开竞争。

王翔等 (2010) 选取了我国有色金属行业的 55 家上市公司，从盈利能力、成长性、运营效率和市场价值四方面，运用 ANVOA 方差分析方法，研究了不同商业模式对企业绩效指标的作用。结果显示不同类别的商业模式会导致明显的企业间绩效差异，对盈利能力的影响最显著，其次是成长性和市场价值，而对运营效率的影响最不显著。

2) 商业模式主题与企业绩效的关系

Hamel (2000)、Afuah 和 Tucci (2003) 等学者用财务性指标来评价商务模式。Zott 和 Amit (2007) 认为商业模式设计过程要关注四个方面的因素：创新、效率、锁定和互补，并通过大样本进行实证分析，验证了商业模式设计四个因素对企业绩效的影响。其中效率性和新颖性作用显著，即效率和创新越大，核心企业获取的市场价值就越多，但是互补和锁定却不会对核心企业的价值获取造成影响。2008 年，他们又提出了应该把商业模式当成一种结构性权变因素，它能够影响企业战略选择。Teece (2010) 提出一个差异化 (难以复制的)、有效率、有效益的商务模式更可能产生利润。

也有学者认为，当企业进行商业模式设计时同时关注几个相关主题，往往能使创业企业迅速成长，不同主题商业模式在价值主张上各有侧重，这为企业提供了更多的战略选择(Zimmerman and Zeitz，2002)，因此，商业模式设计中创新型和效率型可以相互补充，两者之间的相互作用关系对企业绩效有着正向的影响。

3) 商业模式构成与企业绩效的关系

Thomas(2001)围绕企业运营系统，从客户、供应、流程、渠道和资源等构成要素对商业模式与企业绩效关系进行研究，研究表明商业模式对企业内部的要素组合和结构能提供比产业分类更细致、更深入的分析。Amit 和 Zott(2002)考察了 59 家美国和欧洲电子商务上市公司的价值创造与传递过程，发现电子商务通过实施跨边界的与顾客、供应商和合作伙伴的新交易结构和机制来创造价值。

Amit 和 Zott(2008)把商业模式作为影响企业战略选择及发挥作用的结构性权变因素，考察商业模式构成和产品市场战略之间的匹配度及两者对企业绩效的权变效应。结果显示商业模式和战略是影响企业绩效的不同变量，两者之间的匹配程度对企业绩效的影响显著。

Patzelt 等(2008)把商业模型作为高管团队与组织绩效的调节变量，研究了德国的生物技术企业，发现由于商务模式构成的不同，高管团队成员的创业、经营经验可以对企业绩效产生或正或负的影响。

文亮(2011)主要通过部分地区的企业数据，把商业模式作为创业环境、创业机会、创业能力与创业绩效的中介变量，验证了商业模式在创业环境等变量对创业绩效关系中产生影响。

2. 文献评述

综合前面分析，关于商业模式与企业绩效的关系的研究主要集中以下两个方面：

1) 商业模式对企业绩效有显著影响

近两年，国内外的研究都揭示出，商业模式对企业的绩效水平有显著影响。大多数学者的研究是在对商业模式进行分类的基础上，而大多数商业模式的分类是根据商业模式构成要素来划分的(图 1.6)。

通过考察不同类别商业模式所具有的绩效差异是否显著，来考察商业模式对企业绩效影响。由于对商业模式的概念缺乏共识，研究者对测量对象很难界定，因此，对商业模式的研究大都停留在理论层面，实证研究方面尚处于起步阶段。

虽然对商业模式的分类都比较笼统，有的对商业模式分类指标的选取不够全面，有的对绩效指标的衡量缺乏系统性，但关于商业模式对企业绩效产生了显著影响上还是一致的。

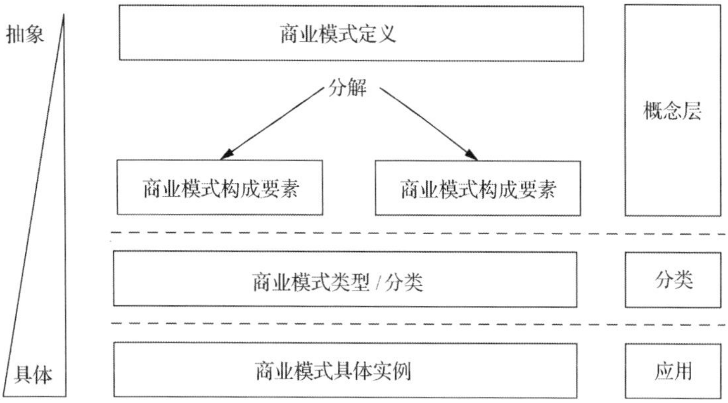

图 1.6　商业模式分类研究框架

2) 商业模式如何影响企业绩效

为了深入了解商业模式对企业绩效的影响机制，有学者关注商业模式设计的不同主题特征与企业绩效间的关系。例如，Zott 和 Amit (2007, 2008, 2009) 认为商业模式设计过程要关注四个方面的因素：创新、效率、锁定和互补，它们会影响企业绩效的不同方面。但多数研究结果支持创新对企业绩效的正向影响，而其他三个特征对绩效的影响并没有得到支持，这也许与选择的调查样本主要为信息、电子行业有关。这种方法虽然较分类方式研究进了一步，但仍难以从业务层面指导企业绩效的提升。近些年，有学者从商业模式构成要素方面来研究与企业绩效的关系，从客户、供应商、流程、渠道和资源等构成要素对商业模式与企业绩效关系进行研究，认为这些构成要素的改善会提升企业绩效。这种方法以商业模式内部构成为基础进行分析，虽然在构成要素的选取上存在差异，但这种方法比前两种方法更关注商业模式的操作层，因此更具有指导意义。

从研究方法上看，现有研究多为个别企业案例分析方法。案例分析以电子商务、互联网企业为主要研究对象，并将商业模式与技术管理、创新管理结合在一起。这主要是由于商业模式受到互联网技术的驱动，引起人们的实践和研究兴趣，所以关于商业模式的相当大一部分研究就是关于电子商务模式的研究。随着对商业模式认识的深入，需要拓宽研究的范围，研究商业模式改善绩效的机制成为今后研究的重要内容。

通过上面分析发现，商业模式与绩效关系研究中多以商业模式为自变量，以企业绩效为因变量。无论是模型的构建还是对于企业绩效提升的影响，都没有考虑到商业模式的影响因素有哪些。商业模式到底是如何影响企业绩效提升的呢?是直接影响还是间接影响？是否具有中介变量或者调解变量?只有几位学者进行了相关的实证，这些简单的实证研究是远远不够的，因此，对于商业模式的实证研究领域应该进一步的拓展。

1.3 研究视角

从现有研究来看，商业模式是一个多构面、多层次的概念，不同学者研究的视角不同。对于商业模式的理解，有的从系统的角度，将商业模式定义为一个有机系统；有的从经济角度，认为商业模式是一个从技术向经济转化的工具；也有的从商业模式的本质属性出发，突出商业模式在价值主张、价值创造、价值网络和价值维护中的作用。由于研究者选取的研究视角和方法不同，目前商业模式的定义差别较大。到目前为止，在学术界和企业界中还没有一个能被大家普遍接受的商业模式定义和分类。另外，有些研究战略学者提出商业模式的研究不应该只是基于企业或者商业组织层面，Slywotsky 等(1998)建议，企业在进行业务规划和商业模式设计时应该突破传统方式，考虑在一个企业内部采用多种商业模式会带来新的潜在利益。Magretta(2002)、Chesbrough 和 Rosenbloom(2002)建议在一个企业内部还应该同时拥有几个不同的商业模式；Kujala 等(2010)提出项目导向型企业的商业模式研究应该以单个项目解决方案为单元进行研究，并通过实证分析得出结论，在同一个项目导向型企业中，不同的项目解决方案采用不同的商业模式。

商业模式是企业战略与经营业务之间联系的纽带，针对项目导向型企业经营特点，本书从系统视角和价值视角两方面综合研究项目导向型企业商业模式。具体来讲，从系统视角给出商业模式定义，分析项目导向型企业商业模式构成要素和结构特征，提出商业模式的本质是一个复杂系统；从价值视角揭示了商业模式的本质是价值创造与价值实现，进而从价值角度划分了商业模式构成维度。在研究方法上，采用系统动力学方法对项目导向型企业商业模式的行为特征进行了模拟仿真，揭示系统各变量之间的作用关系；采用结构方程方法，实证了商业模式三个价值维度与企业绩效的作用机制。系统视角和价值视角并不互相排斥，而是紧密关联的，系统视角解释商业模式内在的要素与结构关系，而价值视角反映系统的行为与功能关系，从系统视角和价值视角同时研究项目导向型企业商业模式，可以互为基础、互为补充，为深入研究商业模式理论提供有益探索。

1.4 研究思路和研究框架

项目导向型企业商业模式研究是一个包含相互关联的若干方面内容的研究课题。首先，本书进行了基础性的文献研究，在此基础上给出项目导向型企业商业模式概念的界定，分析了项目导向型企业商业模式构成和影响因素；其次，提出商业模式对企业绩效的作用机制模型，并对理论模型进行了实证分析，这也是本书的核心内容；第三，从商业模式本质构成出发，研究了商业模式设计、实施和评价；第四，采用系统动力学方法构建了系统模型，从动态演化角度对项目商业模式与企业绩效关系进行了模拟仿真；最后，提出改善企业绩效的策略。图1.7是项目导向型企业商业模式研究的内容框架。

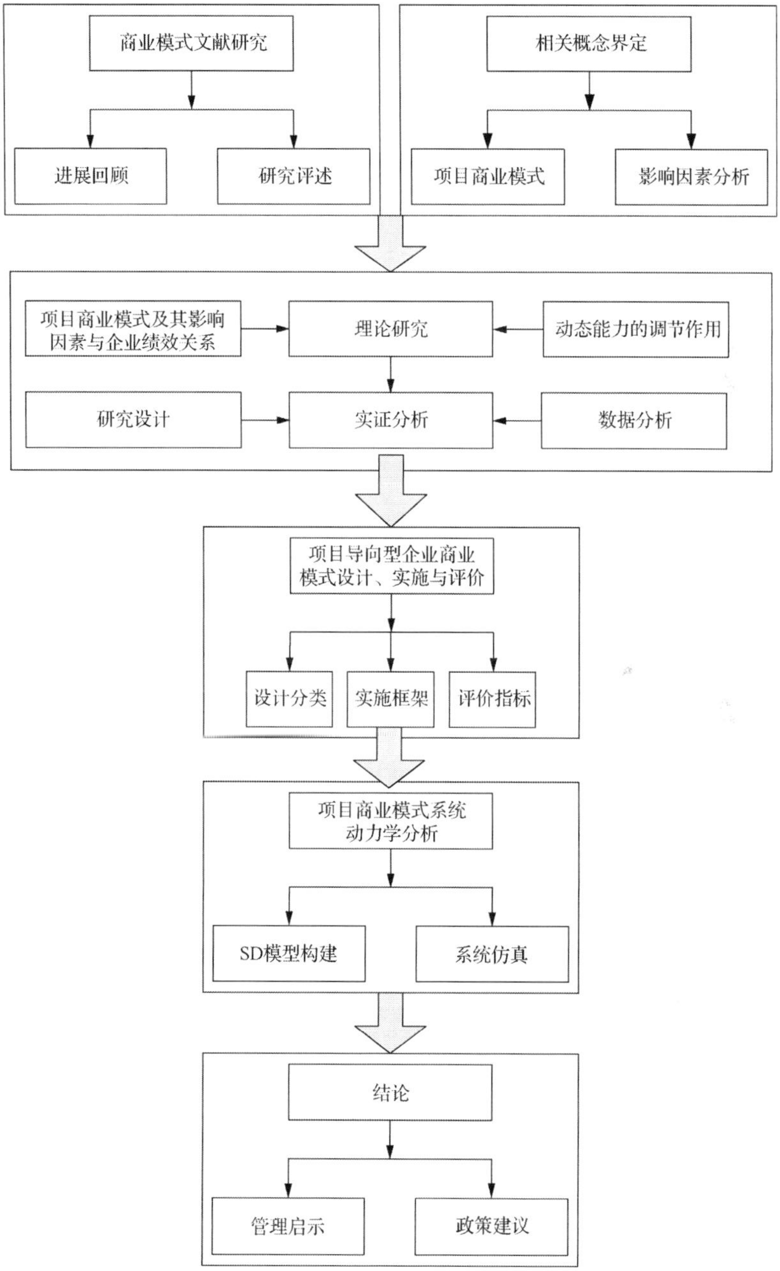

图1.7 项目导向型企业商业模式研究的内容框架

第 2 章　项目导向型企业商业模式及其影响因素

2.1　项目导向型企业商业模式

2.1.1　项目导向型企业定义

美国项目管理专业资质认证委员会主席 Grace 曾断言："在 21 世纪的社会里，一切都是项目，一切也必将成为项目"。项目导向型企业一词虽然很早就被提出来，但目前国内外学术界对项目导向型企业的内涵还没有统一的界定，大多数的研究是从两个角度来界定项目导向型企业，一个角度为项目在企业中的重要程度，另一个角度为项目管理在企业管理中的重要程度。Gareis(2004)从战略、结构、文化这三个角度对项目导向型企业进行界定，如图 2.1 所示。

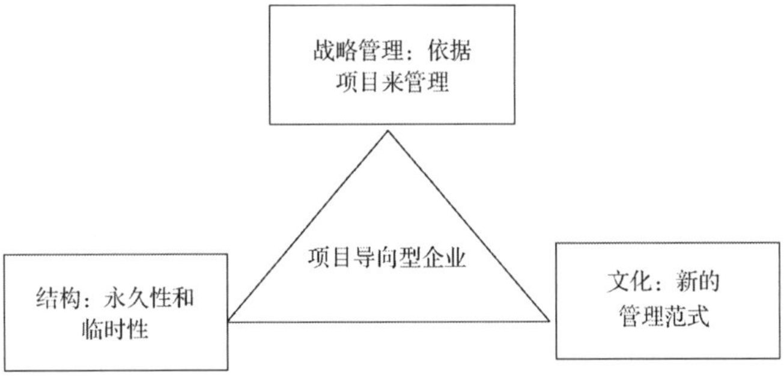

图 2.1　Gareis 对项目导向型企业的界定

从企业战略的角度来看，企业价值源于一个个项目目标的实现，企业的利润是每一个项目的利润之和，完成项目是项目导向型企业的核心工作，项目管理蕴含于企业战略中，项目导向型企业认为采用项目来管理是企业组织架构的一种战略选择，是企业在错综复杂的商业环境下生存的管理战略。

对于组织结构的角度而言，项目导向型企业的组织结构是基于项目管理来设计的，财务部、项目管理办公室和人力资源部等部门属于永久性的部门，他们对不同的项目进行项目组合管理，而由临时性的项目组织结构(如项目团队)来完成复杂的项目，保证不同项目的目标同企业战略目标相统一。

以企业文化的角度来看，项目导向型企业以项目为主导，具有明确的项目管理文化，这种文化是项目导向型企业文化的内核，也是企业战略执行的保障，包括企业精神、企业制度和合作氛围等。项目导向型企业运用新的管理范式，如精益管理、学习型组织、业务流程再造等，来创造具有竞争优势的企业组织。

项目导向型企业的日益增多，如建筑行业企业、装备制造企业、服务咨询企业及软件开发企业等，要求项目导向型企业的界定也要更加广泛。一般来讲，项目导向型企业是以项目为经营单位，通过项目来创造价值和获得收益，内部实施项目化管理，并通过完成项目来实现企业战略目标的一类企业。

2.1.2　项目导向型企业特点

项目导向型企业的主要特点有以下几个方面(杜晓玲，2013)：

1. 企业组织结构以项目为导向，具有灵活性

项目导向型企业的组织结构以完成一个个独立的项目为基础，将每一个项目作为一个组织单元，企业的资源也围绕项目来配置，根据不同项目的需要，采用面向项目的战略管理模式，设立项目团队，合理配置有形资源和无形资源，实现项目目标，并通过项目目标的实现来提升企业的竞争能力，推动企业的生存与发展。这种组织结构不同于固有建制的组织形式，具有较大的灵活性。

2. 企业运营活动按项目周期运作，具有周期性

项目导向型企业的任何一个项目都有生命周期，从项目立项、项目启动，到项目发展成熟，再到项目完成，每个项目都有明确的起止时间。这种运营模式决定了项目驱动型企业不能依靠标准化的产品或服务创造需求，而是必须在完成一个个项目的基础上向前发展，具有周期性。

3. 企业业务组合由项目组成，具有系统性

项目导向型企业的每一个项目业务的开展都不是完全一样的，业务人员需要针对项目的具体问题进行具体分析，导致这些不同的项目组成的业务组合相对分散，此时，企业需要进行系统性管理，在时间维度上坚持企业是一个整体，各个项目是有一定的联系的，并从整体、联系和开放的观点出发，考虑企业的战略整合和资源分配。

4. 企业战略的实施对企业资源有依赖性

项目导向型企业的战略实施离不开企业资源的优化配置，包括人力资源、财务资源、物力资源、技术资源等的配置。项目导向型企业拓展业务时，需要项目管理者领导来自企业不同部门的员工，组成项目团队，在既定的财务预算内保障项目的正常运行，运用企业提供的信息资源，确保项目保质保量地按时完工。

5. 企业对项目的管理具有创新性

项目导向型企业拥有广泛的项目业务，而对其中任何一个项目的管理都不能套用统一的管理模式和方法，每一个项目都要满足客户的个性要求，因此，项目导向型企业需要通过管理创新去实现对具体项目的有效管理，只有不断推陈出新，保持着较为强劲的创新能力，才能满足市场需求，从而更好地为客户服务。

2.1.3 项目导向型企业商业模式

1. 项目导向型企业商业模式定义

项目导向型企业的特点决定了其商业模式架构是以项目运作为基础，这与一般企业商业模式存在区别。有些研究战略学者提出商业模式的研究不应该只基于企业或者商业组织层面，Slywotsky 等(1998)建议，企业在进行业务规划和商业模式设计时应该突破传统方式，考虑在一个企业内部采用多种商业模式会带来新的潜在利益。Magretta (2002)、Chesbrough 和 Rosenbloom(2002) 建议在一个企业内部还应该同时拥有几个不同的商业模式；Kujala 等(2010)提出项目导向型企业的商业模式研究应该以项目解决方案为单元进行研究，并通过实证分析得出结论，在同一个项目导向型企业中，不同的项目解决方案采用不同的商业模式。本书将商业模式的研究层面界定在项目组合层，即项目导向型企业商业模式是指以企业项目和项目组合方式，整合企业内外资源，实现价值转换的逻辑系统。

从现有研究来看，项目导向型企业商业模式是连接企业战略目标和基本业务单元的纽带，也是企业以项目管理方式开展经营活动的基本框架。

图 2.2 显示项目导向型企业的战略实施框架包括战略层、项目组合层、项目层和业务层。相比于一般企业，用项目组合层和项目层取代了企业商业模式层，

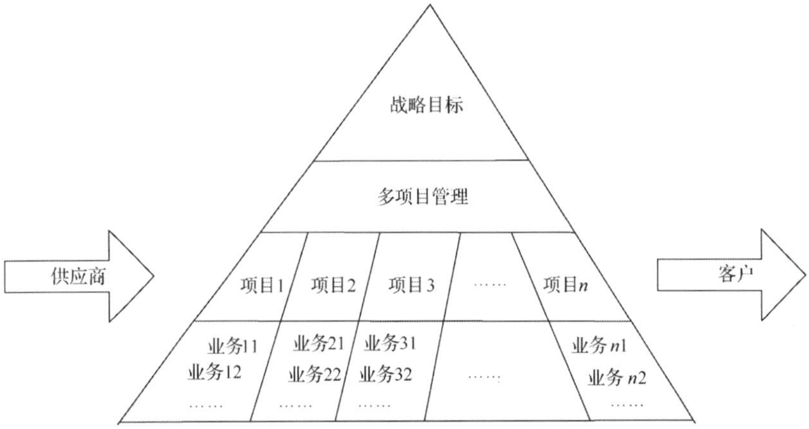

图 2.2 项目导向型企业战略实施框架

将项目作为商业模式设计与实施的基本单元，这符合项目导向型企业的特点。对于项目导向型企业来讲，一般同时承担多个项目，这些项目目标间彼此有相似的地方，但也有不同的地方，项目目标的差异必然带来价值主张、价值创造和价值获取的不同，形成不同的项目组合方式，项目间相同的价值转换方式是企业进行资源和业务流程整合的基础。

1) 战略层

战略层反映了企业战略发展规划和目标。企业管理者通过对企业内部资源和外部环境的分析，从长远发展角度提出企业的长期目标，制定规划目标，成为指导企业经营的纲领文件。

2) 项目组合层

项目组合层体现为多项目管理，包括依据战略目标对项目选择、资源配置、项目控制、项目评价等决策，保证项目实施效果与企业战略安排的一致性。

3) 项目层

项目属于单项目管理层面，即按照项目设定目标，合理配置企业内外的资源和能力，进行价值创造和价值获取的业务逻辑。从战略管理角度来看，项目是企业战略实施的子模块，项目商业模式要符合企业战略目标的要求，业务范畴属于企业全部基本业务流程的子集。

4) 业务层

业务层是战略实施框架的最基本单元，包括项目计划、采购、生产、营销等基本经营活动，这些活动又对应着不同的项目/项目组合，在项目执行过程中需要企业统一调配各类资源，协调项目的进度、成本、质量。一般来讲，项目导向型企业只拥有部分核心业务单元，形成企业的竞争优势，而将部分非核心业务外包，以减轻企业成本。

2. 项目导向型企业商业模式本质

从系统角度来看，项目导向型企业是一个包括多主体参加的从事生产经营活动的复杂系统(图 2.3)。因此，其商业模式必然具有系统的结构、行为和性能特征，这也为我们认识项目导向型企业商业模式本质提供了依据(刘卫星，2011)。

(1) 从结构上看，项目导向型企业商业模式反映了系统中各项目主体和利益相关者的位置，相互之间的连接渠道以及交易内容；

(2) 从行为上看，项目导向型企业商业模式体现了通过各类项目交易对系统中的物质流、资金流和信息流的控制和协调，实现项目、企业与外部利益相关者以及企业与客户之间相对均衡；

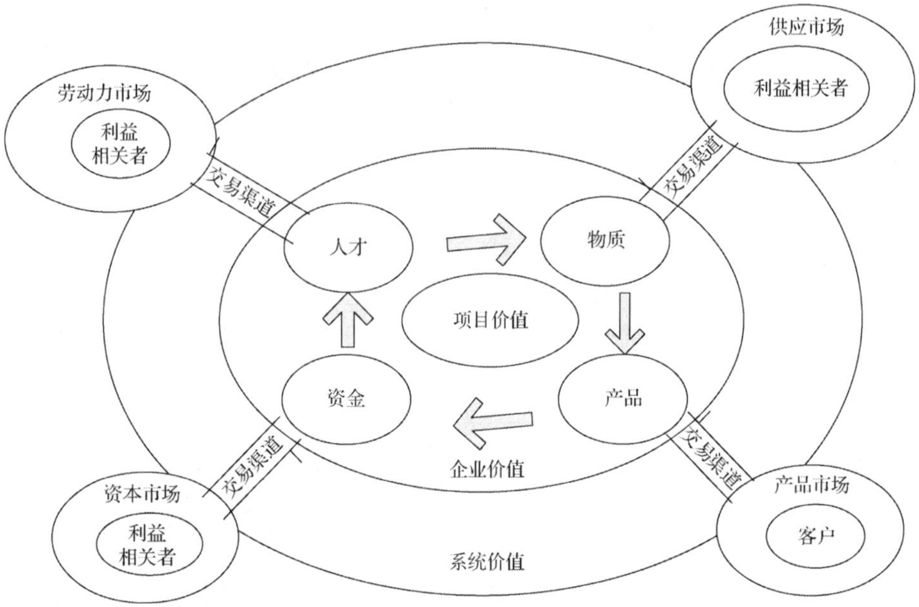

图 2.3　商业模式系统构成

(3)从性能上看，项目导向型企业商业模式连接了组织核心能力(资源)与客户价值，是组织动态能力的具体实现，组织在系统循环演化过程中实现自身价值目标，控制协调能力不断提升，系统效率不断改进。

从价值角度来看，项目导向型企业商业模式体现了组织创造价值和获取价值的逻辑。项目导向型企业商业模式系统中包括客户价值、供应商价值、企业价值。与传统商业模式相比，项目导向型企业商业模式的客户价值通常在项目合同中有清晰的表述，项目供应链各主体间也采用合同方式执行项目，因此，项目导向型企业商业模式的交易规则往往在事前明确。项目价值链包括了客户价值、企业价值和供应商合作价值，客户价值实现是企业价值和供应商合作价值的前提。

从经济角度来看，项目导向型企业商业模式是采用项目方式进行交易，并获取经济效益的模式。由于项目的一次性和临时性，项目导向型企业的资金流随着项目变化而发生变化，项目导向型企业利用内外网络关系和结构，建立技术投入和经济产出转换机制，并在满足客户需求基础上实现持续盈利。

项目导向型企业商业模式是商业模式概念在项目管理领域的进阶应用，不管从系统、价值、经济哪个角度来看，项目导向型企业商业模式的内涵和外延与一般意义上的商业模式有所不同，但项目导向型企业商业模式本质上仍是组织进行价值创造和价值获取的框架，也是组织进行战略管理的有效工具。

2.2　项目导向型企业商业模式构成

2.2.1　项目导向型企业商业模式构成维度

基于项目导向型企业商业模式的定义，本书从价值视角出发，将项目导向型企业商业模式划分为价值主张、价值创造与传递、价值获取三个维度(图 2.4)。

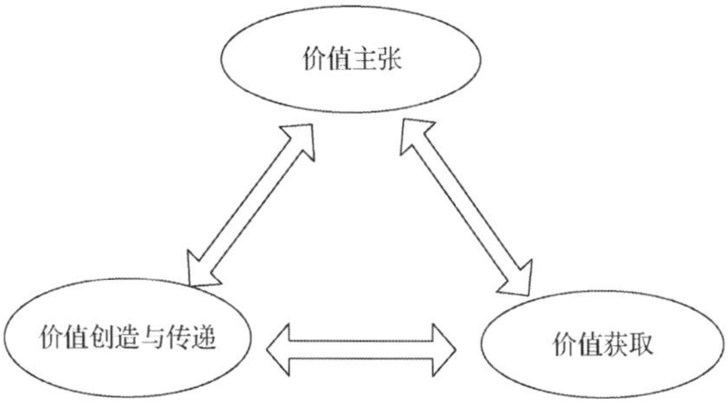

图 2.4　商业模式价值三角模型

项目导向型企业商业模式价值维度划分有助于透视商业模式的基本内涵。首先，价值主张是对客户价值的定义，说明能够帮助顾客解决什么问题，而且还界定了这一价值主张瞄准的目标顾客。企业必须认真思考顾客是谁，以及顾客的问题是什么、如何解决等问题。只有认真思考这些问题，企业才能设计合适的产品或解决方案来满足目标顾客的需求。其次，价值创造与传递涵盖了项目价值链构成的各个环节，包括项目计划、项目采购、项目制造、项目销售等前后衔接的各类业务，这些业务反映了企业按照项目需求进行的资源和能力配置，涉及企业在项目商务网络中的合理定位，项目执行过程中项目团队与项目供应链合作伙伴以及利益相关者建立合作关系等。最后，价值获取指出企业在给顾客传递价值的同时赚取利润的方式，这就牵涉到企业的成本结构、收入来源和收入潜力等问题。

1. 价值主张维度

价值主张阐明了企业为目标顾客提供什么价值，反映企业对顾客的价值承诺(Johnson et al., 2008; 张敬伟和王迎军，2010)，价值主张是商业模式的重要构成要素之一，是商业模式创造价值的起点。价值主张子系统是指项目导向型企业根据客户需求，为客户提供产品或服务，从而为用户创造价值。Osterwalder 和 Pigneur (2002)强调价值主张的更新调整有利于企业创造价值、传递价值及获取价值，价值主张会影响到关键流程和核心资源，进而影响企业的收益模式、成本结构和利润模式(Johnson et al.，2008)。原磊(2007)认为价值主张包括目标顾客和价值内容两大要素，价值主张和价值网络的共同作用形成顾客价值。对于项目导向型企业来说，首要问题就是确立价值主张，要想构建合理的价值主张，企业必须深入了解客户的实际需求，细分目标市场，加强营销渠道建设，建立良好的客户合作关系。通过分析，价值主张维度主要包括产品性能、配套服务、新增客户、客户关系这四个构造模块(图 2.5)。

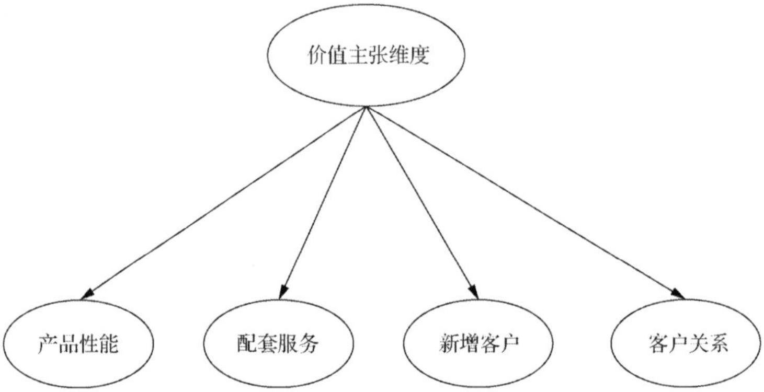

图 2.5　价值主张维度构成

2. 价值创造和传递维度

价值创造与传递描述了企业如何通过整合内外部的关键资源，以及利用内部的流程为客户创造出价值，向目标细分市场传递价值主张并获得盈利(张敬伟和王迎军，2010)。Amit 和 Zott(2001)认为企业通过核心资源为利益相关者创造价值，因此核心资源与关键流程是价值创造的基础。企业在项目技术、人力、资金等资源投入过程中，需要综合考虑各种资源的利用效率，关键流程包括项目设计、项目开发、项目制造、项目营销等，核心资源与关键流程决定了企业在价值网络中的位置，能够体现企业竞争优势；在核心资源与流程基础上，企业还要协调价值链上的各商业伙伴，整合利用各方面资源，协作配合，实现项目价值最大化，并最终将该价值传递给用户；项目导向型企业采用多项目管理，如何解决多个项目对资源的需求冲突，需要项目团队合理安排项目进度，在企业内部实现项目间的资源共享，项目间协同可以提高资源利用效率，改进流程质量，缩短项目进度，同时项目间协同还可以促进项目团队间相互学习，开展合作，进一步提升企业流程能力。通过分析，价值创造和传递维度主要包含核心资源与关键流程、项目内协同、项目间协同三个构造模块(图 2.6)。

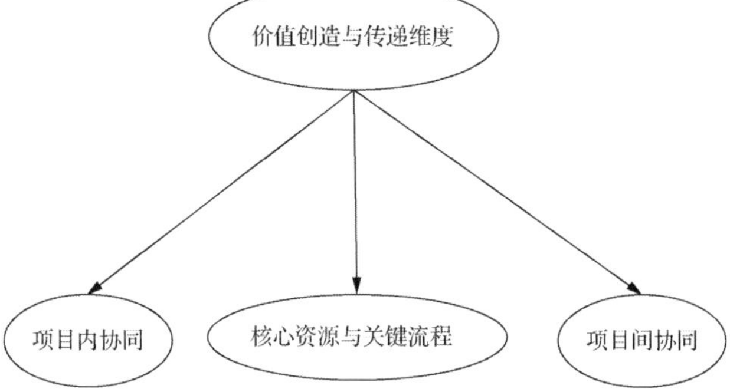

图 2.6　价值创造与传递维度构成

3. 价值获取维度

价值获取描述企业如何通过满足目标客户的需求，在为客户创造和传递价值中获取价值，表明企业从产出的总体经济价值中获取一定份额的过程或机制(Johnson et al., 2008; 张敬伟和王迎军，2010)。原磊(2007)提出“3-4-8”构成体系商业模式，构成单元之一价值实现等同于“价值获取”，商业模式以顾客价值创造为起点，以实现企业价值实现为终点，价值实现主要有收入模式和成本管理两个要素。Johnson 等(2008)认为盈利模式描述企业为自身创造价值的过程，包括收益模式(等同于“收入来源”)和成本结构、利润模式等要素。价值获取维度主要说明项目导向型企业通过项目为客户创造和传递价值，最终为企业自身创造价值，通过获取价值使商业模式可以持续运转，提高或保持企业的竞争力。价值获取系统主要分析收入模式和成本结构，包括收入模式和成本结构两个构造模块(图 2.7)。

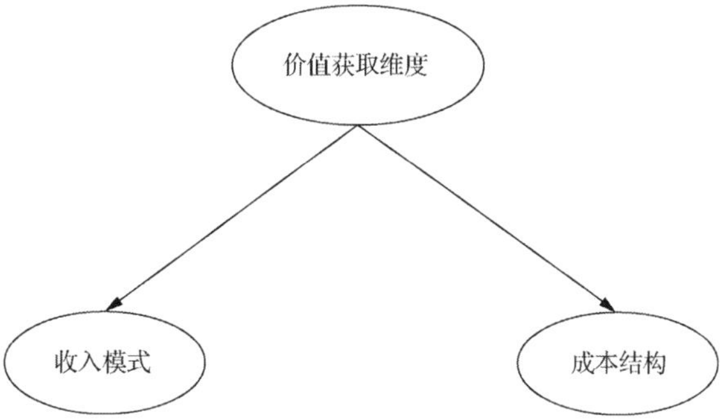

图 2.7　价值获取维度构成

2.2.2 项目导向型企业商业模式构成要素关系

从概念模型分析，项目导向型企业商业模式由价值主张、价值创造与传递、价值获取三个基本维度构成，每个维度下又包括不同构成要素，这些要素之间存在一定的逻辑关系，即相互作用、彼此影响。本书在 Osterwalder 和 Pigneur(2002)提出的商业模式结构(EBMO)模型基础上，按照项目导向型企业创造价值的基本业务和流程，提出项目导向型企业商业模式构成(Project-oriented Business Model Ontology，POBMO)模型。模型将商业模式划分为 10 个基本构成要素，其结构模型如图 2.8 所示，价值主张将价值创造和价值传递连接在一起，是商业模式的核心要素。框图左侧为价值创造部分，右侧为价值传递，并由价值主张进行连接，在不同的资源、流程和客户需求下形成企业的成本和收入，进而决定了企业利润。POBMO 模型与 EBMO 模型的区别在于用项目内协同与项目间协同取代了模型中的供应商关系，这也体现了项目导向型企业商业模式的多项目管理特点，其中项目内协同和项目间协同的基础都是企业核心资源和关键流程，作用都是提高客户价值主张；项目内协同可以优化项目链流程结构，提高流程效率，项目间协同可以改善企业资源配置，实现资源共享，减少运营成本。

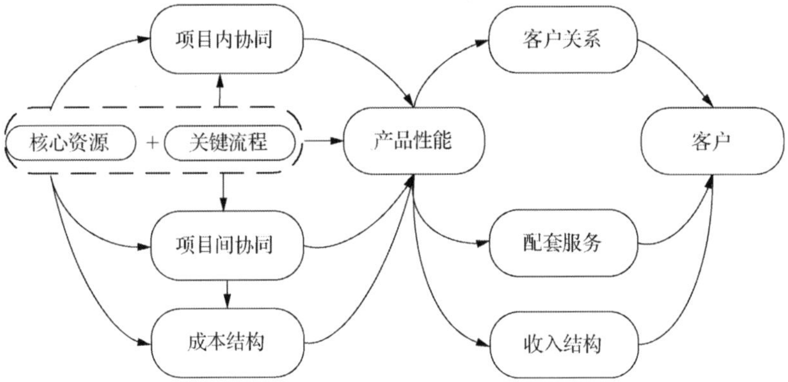

图 2.8　项目导向型企业商业模式构成模型(POBMO 模型)

上述分析表明，项目导向型企业商业模式 10 个构成要素之间具有一定逻辑结构，彼此之间相互作用，推动商业模式不断演化；同时，要素之间的关系反映了从价值主张到价值创造与传递，再到价值获取的完整逻辑，项目导向型企业商业模式构成维度和构成要素之间是有机统一的。

2.3　项目导向型企业商业模式影响因素分析

2.3.1　商业模式影响因素分析

现有研究中对商业模式影响因素的研究主要集中在影响商业模式创新方面。Casadesus-Masanell 等(2010)通过研究企业制造部门与服务部门创新方面的不同，指出成本、知识和市场因素是阻碍商业模式创新的主要因素。Montreuil 和 Rouges (2012)对物理网络和商业模式创新进行研究，认为物理网络极大地改变了物理对象的设计、制造和分布，并认为物理网络是商业模式创新的关键驱动因素。Cavalcante 和 Kesting 等(2011)认为公司的商业模式有两个相通的目的，即为公司的活动提供一定的稳定和发展的同时有足够的灵活性，允许改变，并把企业商业模式的改变归纳为四个类型：商业模式创新、商业模式扩展、商业模式的修正以及商业模式的终结，这些变化所面临的关键挑战因素包括不确定性、控制风险、企业资源不足、路径依赖和惯性思维、认知表现等。

国内对于商业模式创新影响因素的研究主要是从内部和外部两个方面展开的。曾萍和宋铁波(2014)以珠三角地区制造企业为例，从内外部因素整合视角进行研究，发现企业商业模式创新的主要驱动因素是企业的社会资本、技术创新的能力、治理结构和打基础。许萍(2013)根据消费者在网络消费中的特点建立了基于互联网消费的模型来研究商业模式创新影响因素，研究表明在网络消费行为中企业商业模式创新受到内部和外部因素的共同影响，内部影响因素有员工认知度、企业家精神、网站安全性和有用性，外部影响因素有合作伙伴、竞争压力和消费者个人因素。王益锋和曹禺(2013)对国内外 48 篇有关文献进行归纳分析，精炼提纯科技型小微企业的商业模式创新影响因素，最终得出商业模式创新三个层次的影响因素，即：①表层直接影响因素，包括企业盈利水平、合作伙伴、企业的营销能力、市场竞争的激烈程度、公司战略发展的改变和用户需求的变更；②中间层因素，包括企业的创新人才状况、企业的组织学习能力、市场融资环境、流程创新能力、产品创新能力以及链条创新能力；③深层次影响因素，包括国家对企业创新政策的支持力度和企业的自主创新能力。易加斌等(2015)以高新技术企业为例，基于知识视角研究得出组织学习对商业模式创新具有显著影响，即组织间的外部互动、沟通等有助于提升组织的商业模式创新能力。邬关荣(2013)结合文化创意产业发展的特点，研究其商业模式创新的影响因素，研究表明企业的价值网络、创新氛围、内部资源分享程度、企业绩效以及整合外部资源程度是影响文化创意产业商业模式创新的五个因素。郭毅夫(2012)研究了影响商业模式转型因素，包括企业家的机会把握能力、创新精神以及外界的金融支持、消费者需求、产业发展和组织学习因素中的知识共享、组织愿景和开放心智等。

综合以上分析可知，国内外学者对商业模式创新的影响因素进行了大量的研究，国内学者普遍从内部和外部因素两个方面展开，综合其共同因素，主要包括企业家能力、组织学习能力、员工认知度、竞争对手、合作伙伴、技术进步、企业创新能力等方面，但针对项目导向型企业商业模式的研究尚处于空白状态。

本书在文献研究的基础上，结合项目导向型企业特点，运用专家访谈和问卷调查方法从项目任务特征、项目企业特征、项目供应链特征、项目外部环境特征对项目导向型企业商业模式的影响因素进行分析。项目任务特征是从客户角度分析了项目对企业商业模式的影响，项目企业特征是从项目导向型组织自身角度分析了对商业模式带来的影响；项目供应链特征是从项目参与成员角度分析对商业模式的影响；项目外部环境特征是从与项目不直接相关的外部经营环境分析对商业模式带来的影响。分析过程中运用了鱼骨图这一分析工具。分解结果如图 2.9 所示。

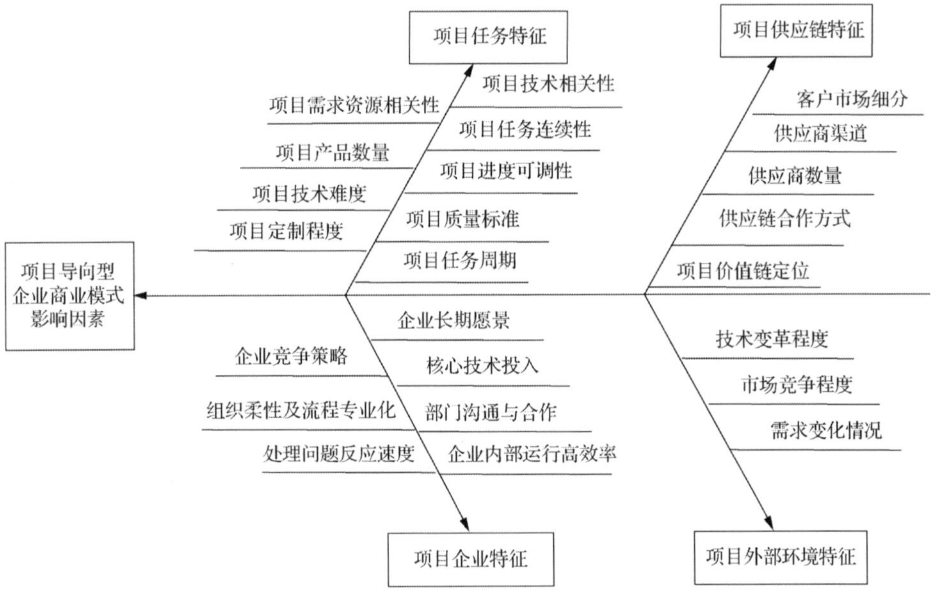

图 2.9　项目导向型企业商业模式影响因素分析

1. 项目任务特征

项目任务特征是客户需求的具体体现，也反映了客户的价值主张。对项目企业来说，项目任务特征决定了企业采取何种方式进行价值创造与传递，最终获取价值。因此，项目任务特征会对商业模式设计产生直接影响，这里用项目技术相关性、项目定制程度、项目任务周期、项目任务连续性、项目产品数量、项目技术难度、项目进度可调性、项目需求资源相关性、项目质量标准来代表项目任务特征。

2. 项目企业特征

项目企业特征是项目企业的自身状况和偏好需求。商业模式连接了企业战略与业务流程，一方面构建了价值创造与实现的框架，另一方面也是企业实现战略目标的有效工具。商业模式需要与企业战略相匹配，不同的战略目标，商业模式架构及经营策略也不相同；项目导向型企业采用项目运作方式，项目团队工作效率取决于团队专业化程度、团队内外沟通方式、决策流程、企业的营销方式等，这些决定了价值转化的效率。因此，从项目企业角度采用企业长期愿景、核心技术投入、部门沟通与合作、企业内部运行高效率、企业竞争策略、组织柔性及流程专业化、处理问题反应速度来代表项目企业特征。

3. 项目供应链特征

项目供应链特征反映了项目供应商网络与企业商业模式的联系，供应商作为项目供应链的重要环节在项目进度、项目质量和项目成本方面都起到了重要作用。项目企业为了保持竞争优势，往往只保留价值链上的核心流程，采用价值链整合方式实现项目运作，或者将业务外包、或者合作开发、或者共享营销渠道等。因此，采用供应商渠道、供应商数量、供应链合作方式、项目价值链定位和客户市场细分来代表项目供应链特征。

4. 项目外部环境特征

项目外部环境是除了项目任务和项目参与者之外的与项目直接或间接相关的各种外部因素，这些宏观因素的变化会对项目价值主张、价值创造与传递、价值获取带来影响，也会给企业经济效果带来不确定性。考虑到一般情况，采用技术变革程度、市场竞争程度、需求变化情况等来描述外部环境的变化。

通过分析，共总结出 24 个项目导向型企业商业模式影响因素，即项目任务特征 9 项、项目企业特征 7 项、项目供应链特征 5 项、项目外部环境特征 3 项。将影响因素进行编码，便于后续研究(表 2.1)。通过问卷调查验证影响因素分析的合理性，并运用因子分析将影响因素归类。

表 2.1　项目导向型企业商业模式影响因素编码

编码	影响因素
1	项目技术相关性
2	项目任务连续性
3	项目进度可调性
4	项目质量标准
5	项目任务周期
6	项目需求资源相关性
7	项目产品数量
8	项目技术难度
9	项目定制程度
10	企业长期愿景
11	核心技术投入
12	部门沟通与合作
13	企业内部运行高效率
14	企业竞争策略
15	组织柔性及流程专业化
16	处理问题反应速度
17	客户市场细分
18	供应商渠道
19	供应商数量
20	供应链合作方式
21	项目价值链定位
22	市场竞争程度
23	需求变化情况
24	技术变革程度

2.3.2　影响因素测量样本分析

研究选择项目导向型企业作为调查对象，通过现场问卷以及电子邮件的方式进行，问卷发布在 2016 年 11 月至 12 月的共有 360 份，共得到 315 份，填写完整没有遗漏具有研究价值的是 301 份，是变量的 12.5 倍，符合样本量的要求。问卷的有效回收率为 83.6%。描述和统计的调查结果与农业企业商业模式样本描述相同，故不再重复。

1. 信度分析

前因变量的一致性分析检验结果见表 2.2，结果显示 24 项 CITC（Corrected

Item-Total Correlation）指数输出结果都大于 0.5，0.5 是该项指数最低的要求，Cronbach α 系数大于 0.5，去掉任何项目将导致减少 Cronbach α 系数，表明商业模式的影响因素问卷具备良好的内部一致性。

表 2.2　商业模式影响因素内部一致性信度分析

编码	CITC	Cronbach α 值
1	0.756	0.689
2	0.657	0.512
3	0.589	0.565
4	0.532	0.598
5	0.702	0.623
6	0.670	0.577
7	0.604	0.598
8	0.754	0.645
9	0.698	0.567
10	0.612	0.521
11	0.791	0.667
12	0.632	0.538
13	0.609	0.594
14	0.588	0.534
15	0.634	0.577
16	0.709	0.634
17	0.720	0.533
18	0.618	0.525
19	0.594	0.557
20	0.609	0.569
21	0.589	0.575
22	0.679	0.534
23	0.667	0.603
24	0.638	0.567

2. 效度分析

效度分析必须通过因子分析中的一个模块才能够得到测量。由于并不知道所得样本是否能够达到因子分析的检验最低要求，因此要对样本实施 KMO（KaisOs-MeyOS-Olkin）以及 Bartlett 球形检验。运用 SPSS19.0 软件进行分析，通过表 2.3 显示 KMO 的结果是 0.576，大于 0.5 的标准，可以开始因子分析，表示因素的内在联系拥有较高的相关性（表 2.3）。

表 2.3　KMO 检验与 Bartlett 检验

KMO	取样适当性度量值	0.576
Bartlett 球形检验	近似卡方分布	195.334
	自由度	105
	显著性	0.000

在实施了 KMO 以及 Bartlett 检验之后，输出数据表明适合实施因子分析。要想取得更为显著的因子分析结果，本书采用最大方差法旋转因子矩阵，进而达到简化和增强因子更加容易被理解的目的，旋转后的因子载荷见表 2.4。每个因子都只在其中一个成分上显示具有较高的输出数值，因此可以判断，项目导向型企业商业模式影响因素调查问卷中的每一个项目都有较高的效度。

表 2.4　旋转后的因子载荷矩阵

编码	主成分因子					
	1	2	3	4	5	6
1	0.243	0.634	0.121	0.023	0.056	0.256
2	0155	0.719	0.101	0.124	0.205	0.011
3	0.233	0.687	0.254	0.204	0.195	0.089
4	0.629	–0.234	0.002	0.113	0.356	0.056
5	0.555	0.319	0.101	0.424	0.205	0.011
6	0.234	0.587	0.154	0.054	0.290	0.338
7	0656	0.234	–0.121	0.023	–0.056	–0.256
8	0.535	0.319	0.101	0.324	0.205	0.011
9	0.534	0.393	0.054	0.118	0.155	0.128
10	0.232	0.319	0.501	0.424	0.205	0.045
11	0.134	-0.187	0.674	0.104	0.290	0.338
12	0.236	0.245	–0.561	0.843	0.375	0.257
13	0.035	0.310	0.101	0.624	0.299	0.321
14	0.128	0.033	0.754	0.212	0.034	0.145
15	0.334	0.345	0.054	0.758	0.355	0.134
16	0.232	0.333	0.341	0.554	0.345	0.045
17	0.1324	0.183	0.654	0.304	0.150	0.438
18	0.036	0.235	0.261	0.233	0.675	0.277
19	0.035	0.313	0.104	0.024	0.544	0.356
20	0.150	0.234	0.304	0.218	0.774	0.145
21	0.255	0.363	0.033	0.123	0.634	0.129
22	0.032	0.319	0.131	0365	0.205	0.778
23	0.134	0.187	0.154	0.132	0.290	0.646
24	0.289	0.045	0.211	0.238	0.366	0.657

通过表 2.4 中旋转后的因子矩阵可以找出 6 个因子所代表的项目导向型企业商业模式影响因素(表 2.5)。

因子 1：主要与项目产品数量、项目技术难度、项目定制程度、项目质量标准、项目任务周期有关，这五项因素主要与项目任务复杂程度有关，所以为因子 1 取名为“项目任务复杂性因子”。

因子 2：主要与项目技术相关性、项目资源需求相关性、项目进度可调性、项目任务连续性有关，而这四项因素主要体现的是项目任务相关性，将因子 2 命名为“项目任务相似性因子”。

因子 3：主要与企业长期愿景、企业竞争策略、客户市场细分、核心技术投入有关，而这四项因素主要体现的是企业战略导向，将因子 3 命名为“企业战略导向因子”。

因子 4：主要与企业内部运行高效率、组织柔性及流程专业化、部门沟通与合作、处理问题反应速度有关，而这四项因素主要体现的是企业组织结构，将因子 4 命名为“企业组织结构因子”。

因子 5：主要与供应商渠道、供应商数量、供应链合作方式、项目价值链定位有关，而这四项因素主要体现的是项目商务网络，将因子 5 命名为“项目商务网络因子”。

因子 6：主要与技术变革程度、市场需求变化情况、市场竞争程度有关，而这三项因素主要体现的是外部环境，将因子 6 命名为“外部环境因子”。

表 2.5　因子解释原有变量总方差情况　(单位：%)

变量	特征值			未经旋转提取因子的载荷平方和			旋转提取因子的载荷平方和		
	总比例	方差百分比	累计百分比	总比例	方差百分比	累计百分比	总比例	方差百分比	累计百分比
1	14.45	49.166	49.166	14.45	49.166	49.166	6.716	22.385	22.385
2	2.153	7.177	56.343	2.153	7.177	56.343	3.574	14.914	37.299
3	1.407	5.991	62.334	1.407	5.991	62.334	3.011	10.336	47.635
4	1.171	4.97	67.304	1.171	4.97	67.304	2.997	9.999	57.634
5	1.072	3.574	70.878	1.072	3.574	70.878	2.839	9.465	67.099
6	0.981	3.17	74.048	0.981	3.17	74.048	2.097	6.949	74.048
7	0.883	2.942	76.99						
8	0.726	2.619	79.609						
9	0.672	2.239	81.848						
10	0.599	1.995	83.843						
11	0.559	1.865	85.708						
12	0.527	1.758	87.466						

续表

变量	特征值			未经旋转提取因子的载荷平方和			旋转提取因子的载荷平方和		
	总比例	方差百分比	累计百分比	总比例	方差百分比	累计百分比	总比例	方差百分比	累计百分比
13	0.504	1.68	89.146						
14	0.47	1.566	90.712						
15	0.414	1.381	92.093						
16	0.399	1.329	93.422						
17	0.335	1.182	94.604						
18	0.355	1.116	95.72						
19	0.316	1.064	96.784						
20	0.254	0.848	97.632						
21	0.247	0.823	98.455						
22	0.215	0.715	99.17						
23	0.141	0.469	99.639						
24	0.108	0.361	100.000						

2.3.3　影响因素测量分析结果

通过主成分分析，将项目导向型企业商业模式的影响因素浓缩为 6 个主要因子，并将因子命名，表 2.6 显示商业模式影响因素的归类结果。

表 2.6　商业模式影响因素归类

商业模式主要影响因素	变量描述
项目任务复杂性(PJC)	项目产品数量多(PJC1)
	项目技术难度大(PJC2)
	项目定制程度高(PJC3)
	项目质量标准高(PJC4)
	项目任务周期(PJC5)
项目任务相似性(PJS)	项目技术相关性(PJS1)
	项目资源需求相关(PJS2)
	项目进度可调性(PJS3)
	项目任务连续性(PJS4)
企业战略导向(ESO)	企业长期愿景(ESO1)
	企业竞争策略(ESO2)
	客户市场细分(ESO3)
	核心技术投入(ESO4)

续表

商业模式主要影响因素	变量描述
企业组织结构（EOS）	企业内部运行高效率（EOS1）
	组织柔性及流程专业化（EOS2）
	部门沟通与合作（EOS3）
	处理问题的反应速度（EOS4）
项目商务网络（PBN）	供应商渠道（PBN1）
	供应商数量（PBN2）
	供应链合作方式（PBN3）
	项目价值链定位（PBN4）
外部环境（EOC）	技术变革程度（EOC1）
	市场竞争程度（EOC2）
	需求变化情况（EOC3）

第3章　项目导向型企业商业模式与企业绩效关系机制研究

本章在第 2 章理论研究的基础上，对项目导向型企业商业模式与企业绩效关系机制进行实证研究。第 3.1 节介绍了机制模型的构建和大样本数据的收集与处理，第 3.2 节介绍实证模型假设检验的结果，并对结果展开讨论。

3.1　理 论 基 础

3.1.1　相关模型回顾

对于商业模式与企业绩效的关系，国内外现有研究多是针对商业模式如何直接影响企业绩效问题进行分析，而且有的研究以某行业为研究对象，取得了较好的效果。但结合商业模式与企业绩效关系进行扩展研究，或者将商业模式作为中介变量进行研究的较少。本节首先对现有研究成果进行回顾，在此基础上提出本书的初始模型。

1. Risto 的研究模型

Risto(2009)建立了商业模式前因变量、商业模式聚焦点和企业绩效间的关系模型(图 3.1)，对芬兰软件行业 200 家企业进行研究，模型中的商业模式前因变量包括服务导向、技术导向和开放式创新导向；商业模式聚焦点指客户接触程

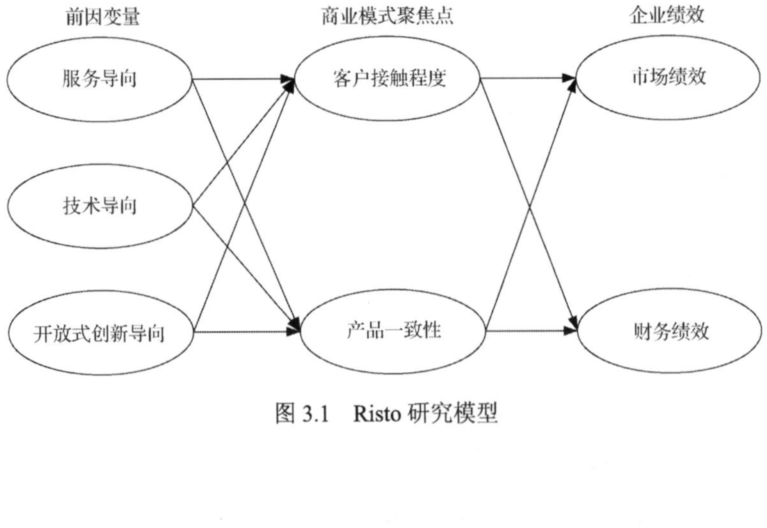

图 3.1　Risto 研究模型

度和产品一致性；企业绩效由市场绩效和财务绩效两方面构成。研究表明服务导向、技术导向和开放式创新导向对商业模式有显著影响，同时商业模式对企业财务绩效有显著影响，对市场绩效影响较弱，企业进行开放式创新对商业模式中的产品单一性有显著影响，直接影响企业市场绩效，以服务导向正向影响客户一致性商业模式。

2. Brannon 的研究模型

Brannon(2011)年采用进化理论(Evolutionary theory)对美国纽约地区白酒行业224家企业的商业模式进行分析，提出反映创新型商业模式与其构成特征及企业绩效三者间关系的研究模型(图3.2)。模型中商业模式构成特征包括客户信息处理、试验和实验、产品设计复杂性，同时引入组织惯性作为调节变量。研究结果表明，客户信息处理、试验和实验对创新型商业模式具有显著性影响，并显著影响企业绩效，产品设计复杂性对创新型商业模式影响不显著，创新型商业模式在商业模式构成特征与企业绩效间起中介作用。另外，创新型商业模式必然包括组织结构和关系的破坏性改革，因此组织惯性对商业模式构成特征与创新型商业模式关系起到显著的调节作用。同时，Brannon 在研究中还引入外部技术、市场的不确定性作为控制变量进行分析，认为外部环境的变化也会给模型带来影响。

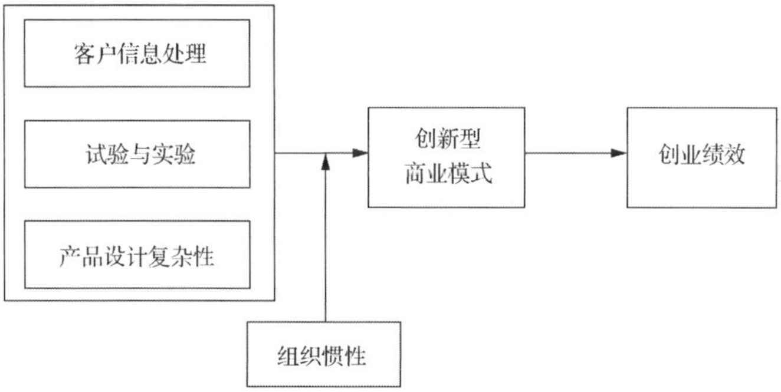

图3.2　Brannon 的研究模型

3. 文亮的研究模型

中南大学文亮(2011)对国内中小企业的商业模式进行研究，采用商业模式的客户价值、内部价值与合作价值将商业模式分为8类，探索了商业模式与创业绩效及创业资源之间影响关系机制，提出中小企业商业模式与创业绩效及其影响因素的关系模型(图3.3)，并通过湖南、浙江、青海三省的327家企业进行了实证分析。

研究表明，创业资源(创业环境、创业机会、创业能力)是创业绩效的关键影响因素，成功的创业者整合创业资源，构建能有效将创业资源转化成价值的商业模式，商业模式帮助初创企业正常运转，形成核心竞争优势，可以提高创业企业的存活率，提升创业绩效，是实现创业绩效的运行机制。商业模式在创业环境与创业绩效间的中介作用、商业模式在创业机会与创业绩效间的中介作用、商业模式在创业能力与创业绩效间的中介作用在研究中得到验证。

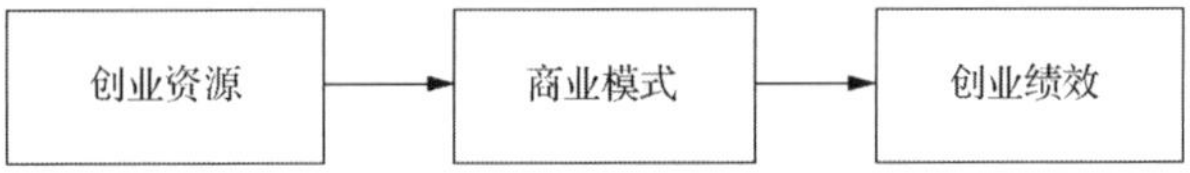

图 3.3　文亮的研究模型

3.1.2　初始模型提出

本书将项目特征作为影响商业模式的前因变量，企业进行项目筛选时，根据项目特征来设计不同形式的商业模式，而在商业模式实施过程中，还需要根据企业内外环境变化对商业模式进行调整和优化，通过项目组合保证项目绩效与企业战略目标一致。

综合上述分析结果，本书在刘卫星(2013)研究成果基础上提出初始模型，如图 3.4 所示，模型中包括影响因素、商业模式、企业绩效以及调节变量动态能力。本章将对相关概念进行界定，在此基础上研究商业模式影响因素、商业模式、动态能力和企业绩效间的关系，探索商业模式前因变量及其与企业绩效的作用机制，验证动态能力在商业模式与企业绩效间的调节作用。

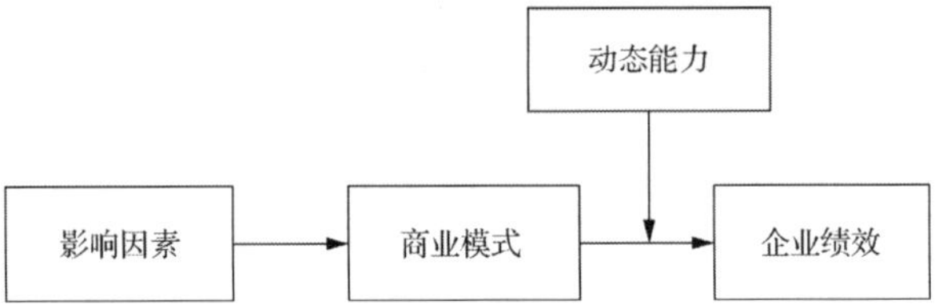

图 3.4　本书的初始模型

3.2　研究假设推导与模型构建

3.2.1　相关概念研究

1. 商业模式

第 2 章指出，项目导向型企业商业模式是连接企业战略目标和基本业务单元的纽带，也是企业以项目管理方式开展经营活动的基本框架。商业模式的本质是价值创造和价值实现，商业模式的概念包括 3 个维度：价值主张、价值创造与传递、价值获取，相关维度的内涵在前面已经做了说明。

2. 商业模式前因变量

对于模型中的商业模式前因变量，本书从项目特征视角进行分析，将影响商业模式的内外因素划分为 6 个因子，即项目任务复杂性、项目任务相似性、企业战略导向、企业组织结构、项目商务网络和外部环境，相关影响因子的内涵在前面已经做了介绍。

3. 企业绩效

商业模式作为战略管理的有效工具，调整的是企业内外资源和流程，商业模式运行最终要以能否实现价值转化和实现为目标，结合国内外学者对企业绩效研究成果，本书将企业绩效评价划分为两个维度：市场绩效和财务绩效。市场绩效是价值转化的前提和基础，财务绩效反映价值实现的经济利益，两者相结合，体现了商业模式在长期和短期的作用效果。

4. 动态能力

Teece 在 1994 年第一次明确提出“动态能力”这一概念，指出理解动态能力概念内涵需要明确两个核心。首先，动态强调对于动荡的外部市场，组织需要及时提升能力，积极进行应对；其次，能力则意味着组织整合、重构其资源与能力的能力。此后，学术界针对动态能力的概念内涵及其构成维度开始了多层面多角度的研究。

关于动态能力概念内涵研究，当前学术界普遍的结论主要涉及“抽象的能力”和“具体的能力”两类。持第一类观点的学者在沿用了最初关于动态能力理解之后，将动态能力具体化为企业感知及识别组织内外部信息及资源的能力、组织剥离和释放资源的能力或者进行学习的能力，另外也包括在此基础上对组织的各种资源和能力进行建构、调整、整合和重构的能力(Teece et al., 1997)；持第二类观点的学者则从组织具体实践的视角，强调动态能力为组织在进行日常的战略实施或者其他组织活动过程中涉及的一系列能力，包括新产品、新技术的开发能力、组织的战略决策能力、企业间联盟的能力(Eisenhardt and Martin, 2010)、营销和研发能力(Danneels, 2002, 2004)、创意、破坏市场、挖掘新流程的能力、实施新的业务流程、搭建新型的合作伙伴关系、创造新的经营模式的能力。

在维度构成方面，当前研究主要呈现两种倾向：一种观点即将动态能力理解为企业在日常运行中操作实施能力，从前因及后果两个方面深化动态能力理论研究，认为其维度涉及研发能力(Helfat et al., 2003)、产品开发能力(Marsh and Stock,

2009)、营销能力(Danneels, 2004)、结盟能力等。另一种观点则强调应从认知层面对动态能力进行划分，诸如适应能力、整合能力、重构能力(Teece and Pisano, 1994)、获取能力、释放能力(Eisenhardt and Martin, 2010)、机会感知能力、机会利用能力(Teece, 2007)、学习能力(Wu, 2010)、创新能力等方面。

基于Teece(2007)等的研究，本书认为动态能力是组织在感知、识别内外部机会及威胁基础上，不断获取并重构组织资源与能力，来快速应对动态变化的环境的能力。将动态能力划分为机会识别能力、资源配置能力和重构能力三个维度，其中机会识别能力是组织对内外部环境的扫描，鉴别机会威胁及优劣势的能力；资源配置能力是组织获取资源并配置资源的能力；重构能力则强调对组织通过创新，对资源和能力的重新整合和配置。

3.2.2 前因变量对商业模式的影响关系

1. 项目任务复杂性对商业模式影响

项目任务复杂性越高，要求项目企业付出更多努力，项目给客户带来的价值更大。通过项目定制化，企业可以最大限度地满足客户需求，提升客户满意度；复杂项目比一般项目在产品集成中技术难度会更高、质量标准更严格，因此企业在进行价值创造与传递过程中，需要发挥自身技术、人员、设备等方面的优势，突出核心资源和关键流程的作用，在项目实施过程中加强团队合作，发挥自身在技术、组织、管理等方面的优势(Scott et al., 2008)；由于复杂项目产品数量多，需要项目企业与供应商、分包商建立供应网络，各成员相互配合，实现对项目进度、质量和成本各项指标的控制；复杂项目技术复杂、周期长，企业需要在项目各个阶段提供相应的配套服务，如参与客户的项目咨询、项目策划，为客户提供维修、故障检测与预防、各种技术升级、技术培训等服务，这样既加强了客户关系，又拓展了企业收入渠道，提高了盈利水平。

因此，基于上述分析，本研究提出：

H_1：项目任务复杂性对商业模式有显著的正向影响；

H_{1a}：项目任务复杂性对价值主张有显著的正向影响；

H_{1b}：项目任务复杂性对价值创造与传递有显著的正向影响；

H_{1c}：项目任务复杂性对价值获取有显著的正向影响。

2. 项目任务相似性对商业模式影响

项目的相似性是指企业所承揽的项目在客户需求、产品设计、加工制造、管理模式以及营销渠道等方面的相似程度。一般而言，项目导向型企业所承揽的项目或多或少都会具有一定的相似性，这也是项目导向型企业的特点和优势。项目任务相似包括两个方面，即承接的项目与以往做过的项目相似，或者承接项目与企业正在执行的项目相似。项目任务相似性体现在技术上具有关联性，比如采用相同的技术平台或工艺方案，企业可以借助于现有的产品设计、生产工艺流程与设备、营销渠道等项目团队比较成熟的产品开发与生产经验，减少产品开发成本，缩短项目交付时间；项目任务具有连续性，如承接的是系列产品/服务项目，企业可以增加生产制造的批量规模，实现规模效益；项目需求资源共享性和进度可调性影响价值创造与传递过程，如项目导向型企业根据项目任务紧迫性给定优先级，合理安排生产计划，优化资源配置，实现对项目进度、质量和成本各项指标的控制；发挥自身优势，为客户提供价值主张；承接项目与现有项目具有相似性，企业可以通过整合两个项目的业务流程，发挥自身在核心资源和关键流程方面的优势，实现项目内协同和项目间协同，提升价值转换效率，降低项目成本；项目任务相似性有利于企业与客户及供应商建立长期合作关系，提高客户重复购买率，创建品牌优势。

基于上述分析，本书提出：

H_2：项目任务相似性对商业模式有显著的正向影响；

H_{2a}：项目任务相似性对价值主张有显著的正向影响；

H_{2b}：项目任务相似性对价值创造与传递有显著的正向影响；

H_{2c}：项目任务相似性对价值获取有显著的正向影响。

3. 企业战略导向对商业模式影响

企业战略导向是企业适应外部动态环境而采取的总体经营策略，如技术导向、市场导向、服务导向等，战略导向决定了商业模式的基本框架(Teece, 2007)。首先，企业长期愿景对项目选择具有直接影响，按照企业战略需要给出项目实施的优先级，并按照客户市场细分及项目间关系，建立项目组合结构，形成不同的客户价值主张；其次，Amit 和 Zott(2002)提出战略导向反映了企业竞争策略，在商业模式设计上突出不同的主题，技术导向往往偏向于新颖型商业模式，市场导向偏向于效率型商业模式，因此，在价值创造与传递和价值获取方式上就有区别；战略导向会影响客户关系的建立，指导项目团队制定营销策略，构建供应商网络，开展合作，实现优势互补(Helfat and Peteraf, 2003)；战略导向明确了企业在价值链上的定位，指导企业增加核心资源和关键流程的投入，保持企业竞争优势。

基于上述分析，本书提出：

H_3：企业战略导向对商业模式有显著的正向影响；

H_{3a}：企业战略导向对价值主张有显著的正向影响；

H_{3b}：企业战略导向对价值创造与传递有显著的正向影响；

H_{3c}：企业战略导向对价值获取有显著的正向影响。

4. 企业组织结构对商业模式影响

企业组织结构体现了企业内部各部门及项目团队间的业务流程、决策机制和沟通方式。目前企业组织结构和商业模式关系的研究主要包括组织结构对流程和关系的影响。Williamson（1975）主张设计高效合理的内部组织结构，保证价值创造与实现的高效性，能激发员工的创造性，及时响应客户提出的新要求，精简组织结构可以大大降低经营成本，改善企业绩效水平，提升服务客户的能力。

Armour 和 Teece（1978）对石油行业企业进行了研究，发现 M 型组织结构能改善企业内部和外部各项业务流程的效率，加强项目间的协同控制，实现资源优化配置，提高企业获利水平。

杨希若（2012）的研究发现，项目导向型企业采用项目团队间合作和项目团队与企业职能部门合作，这类结构特征显著提高了企业内部成员间知识共享，并且对于集权程度高的企业，简化了决策流程，实现企业内部运行高效率，组织绩效水平。

Animal（2008）认为组织结构的规范化、专业化能够保证企业价值创造流程的质量，也是企业核心竞争能力的体现。组织的分权化提高了组织决策效率，能够快速响应客户的要求，激发员工的创新意识，为企业价值创造提供动力，与客户建立长期合作关系，提高客户满意度水平。

Keister（2009）指出跨部门合作打破了企业内部职能部门间的限制，拓展了企业对外合作的渠道。例如，建立以客户为中心的扁平化组织结构，实现客户信息和知识共享，增强组织成员或团队整合知识的能力，促进个体层知识向团队层知识的跨层次演化，使企业内部各组织单元在提供价值的过程中反应速度更快，成本更低，提高客户满意度水平。而跨部门合作的实施需要建立灵活的决策机制，转换传统经营模式。

Kannan（2005）认为柔性化组织强调对环境和市场需求变化的及时响应，常常采用打破部门界限、授权、团队式合作、岗位轮换等方式，增强组织对客户需求的反应速度。同时，组织柔性要求员工具备一专多能，成员间经常相互学习，不同组织单元或成员有更多机会接触，促进企业动态能力的提升。

基于上述分析，本书提出：

H_4：企业组织结构对商业模式有显著的正向影响；

H_{4a}：企业组织结构对价值主张有显著的正向影响；

H_{4b}：企业组织结构对价值创造与传递有显著的正向影响；

H_{4c}：企业组织结构对价值获取有显著的正向影响。

5. 项目商务网络对商业模式影响

项目商务网络结构反映了由项目和组织构成的资源、信息、资金等相互联系的商务网络。Söderlund(2005)从项目和企业两个维度对项目商务的研究领域进行了划分，在此基础上形成了项目商务网络理论，项目商务网络包括单项目、项目供应链、基于项目的企业、项目商务网络四个情境，企业在不同情境下处于项目价值网络的不同位置，供应商数量不同，合作方式也不同，采用的经营管理方式也不同(图 3.5)。

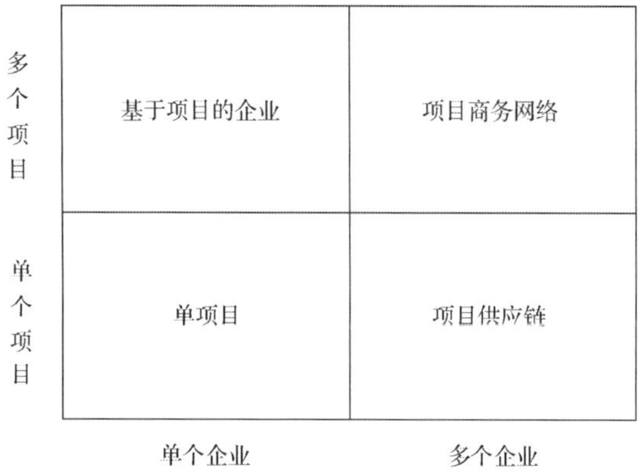

图 3.5　项目商务网络

项目商务网络作用的发挥，取决于项目供应链参与各方的合作，如果项目成员间相互协作，优势互补，就有利于价值创造和价值实现，实现共赢。项目承包商与客户的积极合作，能够将客户的需求及时转化成为产品或服务，改进价值主张，更好地满足客户的需求，增加客户价值；承包商与供应商间的网络关系增加了项目链的整体协同能力，出现了 DB、DBB 等承包模式。项目商务网络由构建形成到后期演化，体现了各成员在价值网络中的定位，为了保持各自的优势和地位，企业需要与客户、供应商、合作单位建立长期合作关系，外包非核心业务(Malone and Weill, 2006)。多企业多项目构成的项目商务网络成为价值创造与实现的主要形式，这不仅提高了承包商的利润空间，也为项目供应链的价值获取提出了解决方案。

基于上述分析，本书提出：

H_5：项目商务网络对商业模式有显著的正向影响；

H_{5a}：项目商务网络对价值主张有显著的正向影响；

H_{5b}：项目商务网络对价值创造与传递有显著的正向影响；

H_{5c}：项目商务网络对价值获取有显著的正向影响。

6. 外部环境对商业模式影响

项目外部环境会反映到项目方案中，技术变革推动新技术的应用，能够带来新的产品功能，促进工艺流程改进。因此，技术变革会引起客户需求改变，带动价值创造方式的变化；市场环境的变化会造成项目采购成本增加，如原材料价格上涨、融资成本提高、竞争对手低价营销策略，使得项目实际成本可能超出项目预算；外部环境还会影响项目采购、分包与合作，带来价值链重新整合；项目所在地自然环境决定了项目施工难易程度、资源的配置。研究表明，市场竞争的加剧导致企业在降低成本、提升质量和创造新的客户需求等方面遇到巨大压力。在竞争强度高的情况下，企业与供应链企业更容易建立合作联盟，以降低创新风险。因此，竞争强度增加会使企业在市场交易中议价能力下降，收缩产品线，减少创新投入，但也会给企业间建立新型合作关系带来机会，企业通过技术、市场和信息等方面合作，不仅共享资源，还可以提高企业抵抗经营风险的能力，外部环境对商业模式三个维度带来不同影响。

基于上述分析，本书提出：

H_6：外部环境对商业模式有显著的影响；

H_{6a}：外部环境对价值主张有显著的影响；

H_{6b}：外部环境对价值创造与传递有显著的影响；

H_{6c}：外部环境对价值获取有显著的影响。

3.2.3　商业模式对企业绩效的影响

Thomas 等(1993)认为商业模式构成要素及相互作用关系对企业绩效会有影响，围绕企业运营系统，从客户、供应、流程、渠道和资源等构成要素对商业模式与企业绩效关系进行研究，研究表明商业模式对企业内部的要素组合和结构能提供比产业分类更细致、更深入的分析。

Amit 和 Zott(2002)考察了 59 家美国和欧洲电子商务上市公司的价值创造与传递过程，发现电子商务通过实施跨边界的与顾客、供应商和合作伙伴的新交易结构和机制来创造价值。

Amit 和 Zott(2008)把商业模式作为影响企业战略选择及发挥作用的结构性权变因素，考察商业模式构成和产品市场战略之间的匹配度及两者对企业绩效的权变效应。结果显示商业模式和战略是影响企业绩效的不同变量，两者之间的匹配程度对企业绩效的影响显著。

Palzelt 等(2008)把商业模型作为高管团队与组织绩效的调节变量，研究了德国的生物技术企业，发现由于商务模式构成不同，高管团队成员的创业、经营经验可以对企业绩效产生或正或负的影响。

文亮(2011)主要通过部分地区的企业数据，把商业模式作为创业环境、创业机会、创业能力与创业绩效的中介变量，验证了商业模式在创业环境等变量对创业绩效关系中产生影响。

商业模式与企业绩效的关系研究在第 1 章已经介绍，分析表明，商业模式对企业绩效具有明显的提升作用。

因此，本书提出：

H_7：商业模式对企业绩效有显著的正向影响；

H_{7a}：价值主张对企业财务绩效有显著的正向影响；

H_{7b}：价值主张对企业市场绩效有显著的正向影响；

H_{7c}：价值创造与传递对企业财务绩效有显著的正向影响；

H_{7d}：价值创造与传递对企业市场绩效有显著的正向影响；

H_{7e}：价值获取对企业财务绩效有显著的正向影响；

H_{7f}：价值获取对企业市场绩效有显著的正向影响。

商业模式影响前因作用于客户价值主张、价值创造与传递、价值获取三个不同环节，促进价值形成与实现。商业模式中企业价值的影响体现在资源优化配置，内部流程精简、效率提高，提升企业绩效水平和竞争优势；客户价值的影响体现在提供优质的产品和服务，提高客户满意度水平；合作价值的影响体现在对供应链进行整合，改善资源配置，形成协同效应，实现共赢。

3.2.4　动态能力的调节作用

企业商业模式面临着不断变化的复杂的内外部环境，商业模式的价值主张部分强调企业机会识别能力，在价值创造与传递和价值获取部分更强调企业整合和重构能力(图 3.6)。动态能力不仅要求企业对内部资源的识别和利用，加强与客户的沟通，发掘潜在的客户需求，延伸产品和服务价值，还要求企业在全球价值链视角下配置内外资源，与供应商、政府、大学以及机构等建立合作，创造、获取和集成许多不同的资源，为实现项目目标提供支持。动态能力的培养有利于克服核心能力的刚性，提高商业模式创新的能力，使企业形成持续的竞争优势；同时，企业商业模式的不断创新也会提升企业的动态能力，两者之间是相互联系，相互促进的关系。Teece(2010)提出商业模式创新与动态能力之间存在紧密的联系，动态能力本身就属于一种特殊的商业模式创新，动态能力建构依赖于商业模式创新过程中的经验及成果，这些不仅是组织动态能力构建的前提和必需，同时亦在一定程度上保证了动态能力的持久性。刘建新(2010)指出客户价值创新除了可以实现消费者的各种需要，同时亦是一种“驱动器”，可以有效推动组织动态能力以及持续竞争优势的形成与更新。

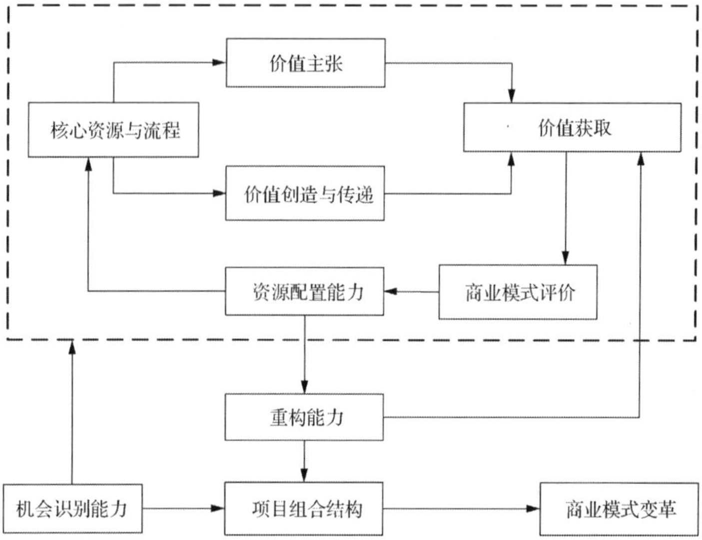

图 3.6　动态能力与商业模式的关系

1. 机会识别能力的调节作用

商业模式作为企业价值创造的基本框架，在运行过程中会受到动态能力的调整。波特的竞争理论指出企业要获得竞争优势，必须对企业内外环境不断进行比较分析，找出自身竞争优势，企业进行 SWOT 分析就是机会识别的过程，因此机会识别能力越高，企业对商业模式的调整越及时、越准确，越能指导企业发挥优势资源，建立灵活多样的合作关系，进而改善企业绩效。

首先，机会识别能力可以准确把握客户需求的变化，及时改进产品和服务。商业模式核心是建立在满足客户需求的基础上，价值能够转化为企业经济效益，关键看企业提供的价值主张是否是客户需要的，机会识别能力有助于企业准确了解客户需求，实现较高的客户满意度。同时，机会识别能力强的企业还可以探索和发掘潜在的客户需求，客户需求有时可以被影响，企业可以在产品中引入新技术或采用新的营销模式，改变客户原有需求，用独特的价值主张吸引客户，开辟新的市场空间，进而提升企业绩效。Martin(2000) 认为机会识别能力可以明显地改善企业市场绩效，如市场环境好时，企业通过追踪客户需求的变化，推出更有竞争力的产品，扩大市场销售份额；市场环境差时，能帮助企业识别威胁来源，并针对竞争对手行为制定营销策略，规避风险。

其次，机会识别能力有利于企业提升自身战略资源和组织流程的改进。通过对企业内部资源、组织架构和流程进行审视，可以提高企业对战略资源的理解，改进内部流程设计，增强核心流程竞争优势，实现更高的企业绩效。Fiol 和 Lyles(1985) 认为机会识别能力可以使企业更容易获取各类新知识，包括产业技术的新发展、新的组织变革形式、新的营销模式及营销理念，这些新知识融合到企业现有模式中，就能有效地促进企业内部流程的改进和竞争优势的提升。Dosi (1982) 认为技术范式是对现有技术体系的规范化，企业在对现有技术范式不断模式化的过程中，不断比较国内外同行的技术标准和操作流程，这为企业改进现有流程提供了新的思路，组织流程创新会给企业带来竞争优势并为企业创造更多价值。

最后，机会识别能力可以为企业跨组织边界合作创造更多可能。商业模式要求企业整合内外资源，因此企业战略要求其组织结构是一个开放的、双向学习型组织，机会识别能力能够帮助企业发现组织间资源和能力的差异，进而构建新型合作关系，提升企业绩效。Zollo 和 Winter (1999) 认为在企业对外合作上，机会识别能力为企业摆脱传统路径依赖、开拓企业外部关系提供了基础。供应商和合作伙伴的信息共享，使企业可以采用虚拟组织、战略联盟等组织进行价值创造，构建和形成多种企业外部合作关系，从而利用外部资源与能力创造合作绩效。

基于以上分析，本书提出假设：

假设 H_8：机会识别能力正向调节商业模式与企业绩效之间的关系；

假设 H_{8a}：机会识别能力正向调节价值主张与市场绩效之间的关系；

假设 H_{8b}：机会识别能力正向调节价值主张与财务绩效之间的关系；

假设 H_{8c}：机会识别能力正向调节价值创造与传递和市场绩效之间的关系；

假设 H_{8d}：机会识别能力正向调节价值创造与传递和财务绩效之间的关系；

假设 H_{8e}：机会识别能力正向调节价值获取与市场绩效之间的关系；

假设 H_{8f}：机会识别能力正向调节价值获取与财务绩效之间的关系。

机会识别能力对商业模式与企业绩效间关系的调节模型如图 3.7 所示。

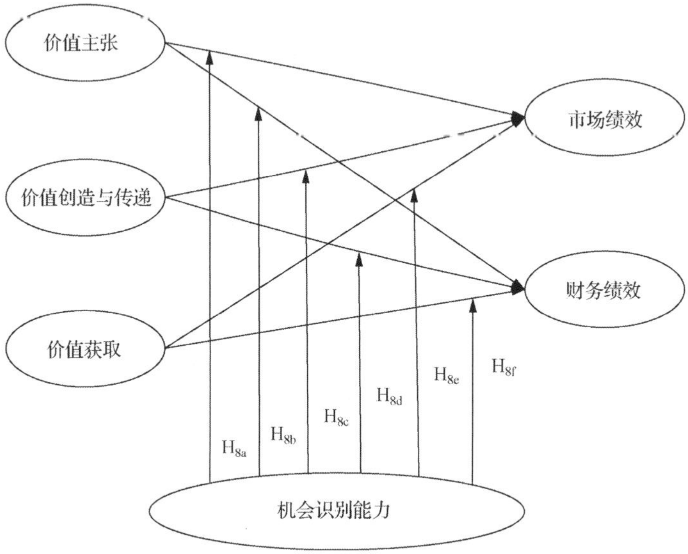

图 3.7　机会识别能力对商业模式与企业绩效间关系的调节模型

2. 资源整合能力的调节作用

资源整合能力可以帮助企业改善现有资源的使用方式，通过新组合使其创造更多的价值。商业模式作为价值创造和转化的静态框架，最初的资源和能力组合方式必然会由于外部环境的变化产生资源利用效率降低。资源整合能力能够帮助企业实现资源合理配置，形成项目供应链各成员间和企业内部各项目之间的协同效应，对企业绩效的改善和战略优势的实现具有越来越重要的作用。资源整合能力强调企业必须能够适应外部环境的变动，不断输入、转化和运用外部知识进行资源匹配，通过要素协同为企业带来增值并提高绩效。

Teece 等(1997)指出企业能够有效地识别现有资源的内在价值并整合资源以创造新的价值，会带动内部流程的改进和外部组织结构的优化。由于企业资源是在一定流程下实现价值转化的，若资源组合方式发生了改变，流程需要重新设计，新的高效率和低成本的组合方式会取代原有流程。当内部资源组合成本高于外部资源组合时，促使企业建立新的协作关系，而企业内外流程的变化直接转化为企业经济效益。

Amit 和 Schoemaker(1993)认为资源整合能力提供了企业现有资源和能力向各种外部商业机会转化的行动方案或渠道，因此在商业模式与企业绩效间起着积极的作用。Worren 等(2002)认为企业资源整合能力越强，商业模式对企业绩效影响显著。首先，资源整合能力为企业资源组合提供了更多选择，基于客户价值进行联合设计，可以使企业产品设计摆脱传统的设计思路，探索基于不同技术的产品设计方案，提高了资源配置与产品开发柔性；其次，资源整合能力使得企业充分认识自身资源的价值，不断培育和强化其优势资源的地位和作用，在内部流程的设计上要突出核心资源，建立价值增值型、成本节约型或两者结合的高效运作体系，提高对外部变化的反应速度；最后，企业在资源整合过程中，不仅要发挥自身优势资源的作用，还要充分利用供应商、合作伙伴以及中介组织等资源，来为价值创造和传递提供有利条件，进而实现企业盈利。

Gilbert(2005)指出，随着全球化和技术变革，资源配置方式发生了显著变化。一方面新技术和新知识会在企业内部迅速扩散开来，资源整合能力强调现有知识和技术与外部知识和技术间的整合，便于企业吸收与利用，实现已有产品效率和性能的改善；另一方面，技术变革引起企业外部知识和技术快速更迭，资源整合能力可以增强企业对外协调能力，通过与外部企业的协同合作，研发出新产品，更好地应对动态环境下的市场竞争，从而保持其持续竞争优势。

基于以上分析，本书提出假设：

假设 H_9：资源整合能力正向调节商业模式与企业绩效之间的关系；

假设 H_{9a}：资源整合能力正向调节价值主张与市场绩效之间的关系；

假设 H_{9b}：资源整合能力正向调节价值主张与财务绩效之间的关系；

假设 H_{9c}：资源整合能力正向调节价值创造与传递和市场绩效之间的关系；

假设 H_{9d}：资源整合能力正向调节价值创造与传递和财务绩效之间的关系；
假设 H_{9e}：资源整合能力正向调节价值获取与市场绩效之间的关系；
假设 H_{9f}：资源整合能力正向调节价值获取与财务绩效之间的关系。
资源整合能力对商业模式与企业绩效关系的调节模型如图 3.8 所示。

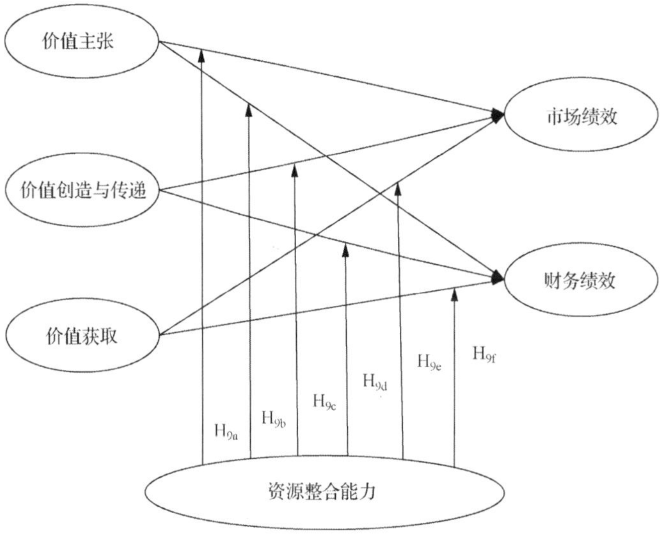

图 3.8 资源整合能力对商业模式与企业绩效关系的调节模型

3. 组织重构能力的调节作用

组织重构能力能帮助企业及时改变项目资源结构、项目技术结构和项目知识结构，形成各种知识要素间的匹配，进而提升企业绩效。项目组织重构能力对商业模式的影响表现在根据客户需求重新设计产品和服务组合，采用新技术或新知识为基础设计新的作业流程和组织制度，建立新的企业外部合作关系，变更组织间的沟通模式。商业模式的价值主张、价值创造与传递和价值获取发生根本变化，这必然引起企业绩效的变化。

Teece(2007)认为重构能力对企业运营模式的改变是建立在新的知识和要素组合基础上的；组织重构能力从根本上改变了现有产品结构、流程和组织关系，打破了现有产品服务、作业流程和组织结构之间的一致性；组织重构能力对运营模式的影响通常也会伴随着企业收入模式的改变和目标市场的重新划分。

Gilbert(2005)指出为适应外部环境的变化，企业需要不断进行组织变革。重组和变革能力是指企业将组织机构和资源重新组合和变革，来实现更高效的价值转化，以获取经济利益的能力。因此，当企业相对于竞争对手具有较强的重组和变革能力时，企业将在市场中占有优势地位。

Kimberly 和 Quinn(1984)认为组织重组能力可以通过调整、定位和改造三种方式提高企业经营绩效。调整是根据市场需求变化，收缩或扩张原来的产品线，更改产品服务的提供，重新界定目标客户群。定位是重新界定企业的核心业务流程，改变企业在供应链上所处的位置，重新建立新的组织形式，使企业资源与结构达到最优匹配。改造是重新定义现有流程结构，创造专业化的单位与连接机制，以增加产量或改变成本。

Zhou 和 Li(2010)研究认为组织重构能力能调整价值主张，改善运作模式，增强资源战略柔性，从而促进商业模式变革和企业绩效提升。首先，组织重构能力改变现有经营模式的同时，在组织内倡导接受新技术、新知识的创新文化，从而能设计出全新的价值主张；其次，组织重构能力改进现有流程和结构，便于在组织内部交流和沟通，建立高效的运作模式；最后，组织重构能力提高了企业战略柔性，企业以获取资源和改善流程为目的建立各种合作组织，为组织消化、吸收和利用组织内外的新技术，保持竞争优势提供了保障。

基于以上分析，本书提出假设：

假设 H_{10}：重构能力正向调节商业模式与企业绩效之间的关系；

假设 H_{10a}：重构能力正向调节价值主张与市场绩效之间的关系；

假设 H_{10b}：重构能力正向调节价值主张与财务绩效之间的关系；

假设 H_{10c}：重构能力正向调节价值创造与传递和市场绩效之间的关系；

假设 H_{10d}：重构能力正向调节价值创造与传递和财务绩效之间的关系；

假设 H_{10e}：重构能力正向调节价值获取与市场绩效之间的关系；

假设 H_{10f}：重构能力正向调节价值获取与财务绩效之间的关系。

重构能力对商业模式与企业绩效关系的调节模型如图 3.9 所示。

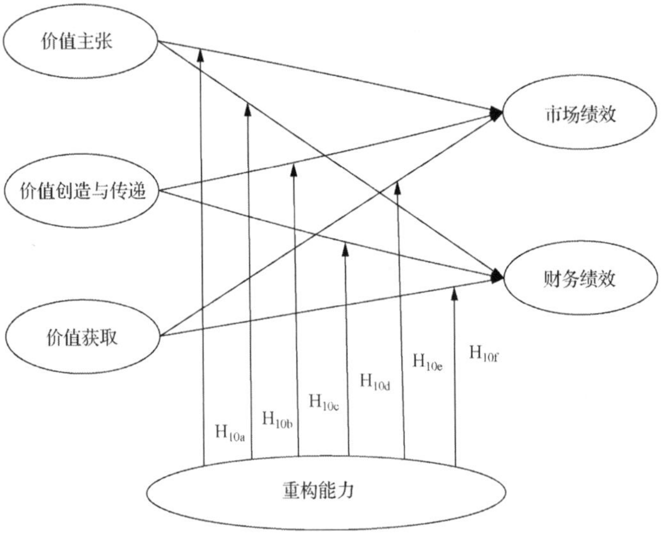

图 3.9　重构能力对商业模式与企业绩效关系的调节模型

经过上述分析，本章商业模式及其前因变量与企业绩效间的关系提出 42 条假设关系(表 3.1)，构建了研究理论模型(图 3.10)，接下来采用实证分析加以验证。

表 3.1　本章研究假设

编号	假设内容
	假设 H_1：项目任务复杂性对商业模式有显著的正向影响
H_{1a}	项目任务复杂性对价值主张有显著的正向影响
H_{1b}	项目任务复杂性对价值创造与传递有显著的正向影响
H_{1c}	项目任务复杂性对价值获取有显著的正向影响
	假设 H_2：项目任务相似性对商业模式有显著的正向影响
H_{2a}	项目任务相似性对价值主张有显著的正向影响
H_{2b}	项目任务相似性对价值创造与传递有显著的正向影响
H_{2c}	项目任务相似性对价值获取有显著的正向影响
	假设 H_3：企业战略导向对商业模式有显著的正向影响
H_{3a}	企业战略导向对价值主张有显著的正向影响
H_{3b}	企业战略导向对价值创造与传递有显著的正向影响
H_{3c}	企业战略导向对价值获取有显著的正向影响
	假设 H_4：企业组织结构对商业模式有显著的正向影响
H_{4a}	企业组织结构对价值主张有显著的正向影响
H_{4b}	企业组织结构对价值创造与传递有显著的正向影响
H_{4c}	企业组织结构对价值获取有显著的正向影响
	假设 H_5：项目商务网络对商业模式有显著的正向影响
H_{5a}	项目商务网络对价值主张有显著的正向影响
H_{5b}	项目商务网络对价值创造与传递有显著的正向影响
H_{5c}	项目商务网络对价值获取具有显著的正向影响
	假设 H_6：外部环境对商业模式有显著的影响
H_{6a}	外部环境对价值主张有显著的影响
H_{6b}	外部环境对价值创造与传递有显著的影响
H_{6c}	外部环境对价值获取有显著的影响
	假设 H_7：商业模式对企业绩效有显著的正向影响
H_{7a}	价值主张对企业市场绩效有显著的正向影响
H_{7b}	价值创造与传递对企业财务绩效有显著的正向影响
H_{7c}	价值获取对企业财务绩效有显著的正向影响
H_{7d}	价值主张对企业市场绩效有显著的正向影响
H_{7e}	价值创造与传递对企业市场绩效有显著的正向影响
H_{7f}	价值获取对企业市场绩效有显著的正向影响
H_8	机会识别能力正向调节商业模式与企业绩效之间的关系
H_{8a}	机会识别能力正向调节价值主张与市场绩效之间的关系
H_{8b}	机会识别能力正向调节价值主张与财务绩效之间的关系

续表

编号	假设内容
H_{8c}	机会识别能力正向调节价值创造与传递和市场绩效之间的关系
H_{8d}	机会识别能力正向调节价值创造与传递和财务绩效之间的关系
H_{8e}	机会识别能力正向调节价值获取与市场绩效之间的关系
H_{8f}	机会识别能力正向调节价值获取与财务绩效之间的关系
H_{9}	资源整合能力正向调节商业模式与企业绩效之间的关系
H_{9a}	资源整合能力正向调节价值主张与市场绩效之间的关系
H_{9b}	资源整合能力正向调节价值主张与财务绩效之间的关系
H_{9c}	资源整合能力正向调节价值创造与传递和市场绩效之间的关系
H_{9d}	资源整合能力正向调节价值创造与传递和财务绩效之间的关系
H_{9e}	资源整合能力正向调节价值获取与市场绩效之间关系
H_{9f}	资源整合能力正向调节价值获取与财务绩效之间关系
H_{10}	重构能力正向调节商业模式与企业绩效之间的关系
H_{10a}	重构能力正向调节价值主张与市场绩效之间的关系
H_{10b}	重构能力正向调节价值主张与财务绩效之间的关系
H_{10c}	重构能力正向调节价值创造与传递和市场绩效之间的关系
H_{10d}	重构能力正向调节价值创造与传递和财务绩效之间的关系
H_{10e}	重构能力正向调节价值获取与市场绩效之间的关系
H_{10f}	重构能力正向调节价值获取与财务绩效之间的关系

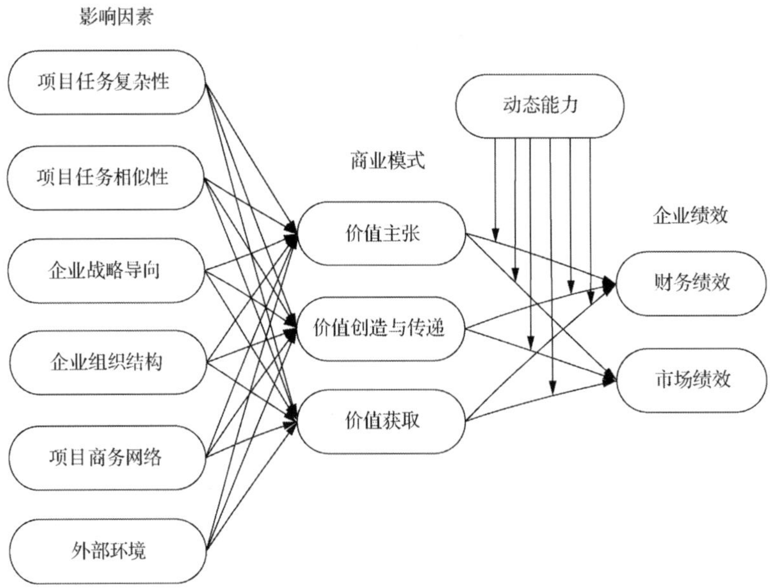

图 3.10　研究理论模型

3.3 研究设计

3.3.1 相关概念测量量表开发

1. 商业模式

商业模式本质上是创造价值的逻辑，解决企业如何创造并获取价值，核心是跨组织边界进行价值创造和价值传递，强调了商业模式的价值及其跨边界转化过程本质特点（原磊，2007）。价值主张反映了企业提供什么特征的产品或服务来满足顾客需求，说明公司与客户价值交换基础；价值创造与传递是让企业利用自身核心资源和能力进行价值实现的过程，它是企业持续竞争优势的来源；价值获取反映企业如何通过满足客户需求，实现盈利的方式。

商业模式的测量现有研究成果并不多，本书根据前面对商业模式三维架构的分析，参考哈佛大学教授 Johnson（2009）、Gebauer（2006）、李艳竹（2016）和 Greg（2006）等提出的测量量表，经过改进构建了本研究商业模式测量量表（表 3.2）。其中，采用“提供高性能产品/配套服务，价格合理”“与客户建立密切的合作关系”“客户满意度和忠诚度高”3 个测量题项来测量价值主张；采用“项目内部分工协作，实现价值增值”“项目间开展协作，实现资源合理配置”“利用核心资源与关键流程提升客户价值”3 个测量题项来测量价值创造与传递；采用“相比同类项目产品性价比高，定价高”“相比同类项目提供优质配套服务，获取持续收入”“以项目协同方式降低总成本”3 个测量题项来测量价值获取。

表 3.2　商业模式测量量表

维度	题项描述	参考依据
价值主张（VP）	提供高性能产品/配套服务，价格合理	Johnson（2009）、Kotler（1994）
	与客户建立密切的合作关系	
	客户满意度和忠诚度高	
价值创造与传递（VC）	项目内部分工协作，实现价值增值	Kagermann（2012）、Grey H（2006）
	项目间开展协作，实现资源合理配置	
	利用核心资源与关键流程提升客户价值	
价值获取（VA）	相比同类项目产品性价比高，定价高	Lay（2002）、Gebauer（2006），李艳竹（2016）
	相比同类项目提供优质配套服务，获取持续收入	
	以项目协同方式降低总成本	

2. 企业绩效

企业绩效是模型中的被解释变量，现有研究从不同视角构建了企业绩效的测量模型。在对企业绩效的文献回顾中，我们发现由于研究角度和企业的异质性，企业绩效的评价一般不采用单一指标，因为单一指标往往只能反映企业绩效的某一方面，如市场销售额增长率代表市场绩效，并不能反映企业利润等财务绩效。因此，采用多个维度来共同反映企业的绩效情况更为科学。Luo 等(2004)采用了近 3 年的运营绩效和市场绩效来测度企业的绩效水平，其中运营绩效包括了近三年中企业利润率、生存率以及最终绩效水平，而市场绩效则包括了近三年中新市场的进入水平、产品竞争能力以及服务水平。Brush 和 Vanderwerf(1992)指出企业绩效评价需要同时包含市场绩效和财务绩效这两个方面，以体现出企业绩效的纵向增长与横向利润水平。Brannon(2009)提出用目标效能反映企业绩效。目标效能指标主要是指组织设定的目标和客观绩效指标，常采用净利润、销售增长率、销售额或者市场份额、投资收益率、总资产收益率等客观指标。Kaplan 和 Norton(1992)提出用平衡记分卡方法评价企业绩效，平衡计分卡扩展了传统绩效评价指标，从财务、顾客、内部流程和学习与成长四个构面衡量企业绩效。为了避免单一年份绩效数据的片面性，有些学者采用一定时间段内企业绩效水平测度的方法来测量企业绩效。

本书参考 Brush(1992，1998)，Clark 等(1991)，Kaplan 和 Norton(1992)，Brannon(2009)等研究成果，提出从财务绩效和市场绩效两个维度来测量企业绩效，设计了相应的测量量表(表 3.3)。其中，采用“与同行相比，本企业近两年销售额增长较快”“与同行相比，本企业投资回报率比以前增加了”“与同行相比，本企业利润率较高”3 个测量题项来测量企业财务绩效；采用“本企业近两年市场份额增长较快”“本企业近两年不断推出新产品/服务”“与同行相比，本企业产品/服务市场竞争力较强”3 个测量题项来测量企业市场绩效。

表 3.3　企业绩效测量题项

维度	题项描述	参考依据
财务绩效(FP)	与同行相比，本企业近两年销售额增长较快	Brush(1992, 1998)、Clark 等(1991)、Kaplan 和 Norton(1992)，Brannon(2009)
	与同行相比，本企业投资回报率比以前增加了	
	与同行相比，本企业利润率较高	
市场绩效(MP)	本企业近两年市场份额增长较快	
	本企业近两年不断推出新产品/服务	
	与同行相比，本企业产品/服务市场竞争力较强	

3. 动态能力

根据动态能力测量维度的划分与界定，围绕机会识别能力、资源整合能力和组织重构能力三个方面构建动态能力测量量表(表 3.4)。参考国外学者 Prahalad 和 Hamel(1990)、Teece(2007)的相关研究成果，本书采用“经常通过各种途径了解行业发展现状和趋势”“能及时得到潜在项目的信息”“经常探索业主或潜在合作伙伴的需求”“善于同项目利益相关者打交道”4 个题项来测量机会识别能力。

综合 Gibson 和 Birkinshaw(2004)，Wang 和 Ahmed(2007)以及贺小刚等(2006)的相关研究成果，本书采用“经常从多种渠道获取项目所需的资源”“从外部获得新知识或资源能在企业内部充分吸收”“能够将企业内外资源进行优化以发挥更大作用”“企业的资源可以被不同的项目所共享”4 个题项来测量资源整合能力。

参考国外学者 Helfat 和 Peteraf(2003)，Wang 和 Ahmed(2007)的相关研究成果，在综合国内学者章威(2009)提出的测量指标的基础上，本书采用“总是能够及时终止绩效不佳的项目”“当新的项目机会来临时能及时去争取和竞争”“总能够灵活调整项目的优先级”“总是能够适时地对项目组织结构或流程进行调整”“项目的终止和实施都有正式的决策制定”5 个题项来测量组织重构能力。

表 3.4　动态能力测量量表

维度	测量题项	文献来源
机会识别能力(CSO)	经常通过各种途径了解行业发展现状和趋势	焦豪等(2008)，Prahalad 和 Hamel(1990)，Teece(2007)
	能及时得到潜在项目的信息	
	经常探索业主或潜在合作伙伴的需求	
	善于同项目利益相关者打交道	
资源整合能力(CIR)	经常从多种渠道获取项目所需的资源	贺小刚等(2006)，Gibson 和 Birkinshaw(2004)，Wang 和 Ahmed(2007)
	从外部获得新知识或资源能在企业内部充分吸收	
	能够将企业内外资源进行优化以发挥更大作用	
	企业的资源可以被不同的项目所共享	
组织重构能力(COR)	总是能够及时终止绩效不佳的项目	Helfat 和 Peteraf(2003)，Wang 和 Ahmed(2007)，章威(2009)等
	当新的项目机会来临时能及时去争取和竞争	
	总能够灵活调整项目的优先级	
	总是能够适时地对项目组织结构或流程进行调整	
	项目的终止和实施都有正式的决策制定	

通过上述分析，确定动态能力的测量量表，包括 13 个测量题项，详见附录中正式调查问卷。

3.3.2 量表预测试与修正

1. 量表设计

本书在问卷设计中采用了 7 等级量表。为了保证受试者清楚每个数字代表的具体含义，我们标注了两端和中间的量尺名称。现有研究表明，对商业模式前因变量、商业模式、企业绩效和动态能力等变量的测量，由于变量本身无法测量或收集客观数据的成本过高，一般都采用管理感知的方法(Theoharakis 和 Hooley，2003)，这是一种主观测量方法，在战略、人力资源、市场营销领域中被广泛应用，主观感知测量能够对公司具体情况进行准确的评估，而且在实际操作上也比较简便易行，因此，本书采用管理感知的方法，对模型中的变量进行测量。

2. 问卷结构和内容

在问卷结构和内容上，考虑以下四个方面：封面信、指导语、问题与答案、语义差异性的处理，下面重点介绍对语义差异性的处理。

Douglas 和 Craig(1983)指出，为了避免语言上的差异，问卷设计中可以采用反向翻译(Back-translation)方法，这种方法被后来学者广泛接受。研究过程中，由课题组的 3 名企业管理方向博士生对问卷条目进行独立的阅读和理解，将其中表达不清楚的条目删去，将具有相似术语和内涵的条目进行归类，然后再比较变量的归类是否存在差异，并讨论存在差异的部分，最后对所有分类的内涵和条目类别归属都达成一致。接下来再邀请 3 位企业管理方向博士生，向其解释商业模式定义，之后让他们根据各自的理解，按照现有的类别，将每一个条目重新归类并删去语意表达重复的语句。通过数据反射过程，对收集数据进行全面分析。最后，邀请 3 位企业管理专家作为判断者，向他们解释各概念的内涵和构成维度划分的具体含义，让他们根据自己的理解，对维度划分的合理性进行判断，并予以修正。

3. 问卷的预测试

测量量表在正式应用前需进行小样本预测试和修正，本书以 35 家典型项目导向型企业(18 个电力设备制造企业，10 个建筑企业、7 个 IT 企业)为样本，对研究模型中的测量量表进行预测试，检验其有效性。预测试过程中，根据企业规模大小和实力强弱，按照每家企业发放 3～5 份问卷的标准，预测试中发放问卷共计 110 份，累计收回问卷 92 份，去掉由于信息不完整或不清楚的问卷 8 份，实际得到有效问卷为 84 份，有效问卷回收率为 91.3%，满足小样本统计和预测试的要求。

在回答者选择上，85%以上受访者为企业部门经理和项目经理。由于商业模式前因变量测量量表在第 2 章已经讨论过，这里只是就商业模式、企业绩效和动态能力三个变量的测量量表进行预测试。

1) 信度分析

通过样本数据，采用 Cronbach α 系数和 CITC 系数来检验商业模式测量量表的内部一致性。表 3.5 为商业模式测量量表内部一致性分析。

表 3.5　商业模式测量量表内部一致性分析

维度	题项代码	CITC	删除题项后 Alpha 系数	Cronbach α
VP	VP1	0.669	0.691	0.804
	VP2	0.723	0.710	
	VP3	0.645	0.721	
VC	VC1	0.714	0.849	0.897
	VC2	0.745	0.809	
	VC3	0.812	0.734	
VA	VA1	0.711	0.819	0.903
	VA2	0.774	0.768	
	VA3	0.689	0.823	

从表 3.5 可以看出，商业模式测量量表三个维度的 Cronbach α 系数最小的为 0.804，达到了内部一致性检验所要求的最低标准 0.70，且量表中各题项的 CITC 值也都远远超过了 0.50 的标准，同时，删除量表中的某一测量题项都会造成相应概念 Cronbach α 系数的降低，因此商业模式测量量表具有良好的内部一致性信度，应该保留所有题项。

表 3.6 为企业绩效量表的内部一致性分析结果。从表中可以看出，企业绩效测量量表的 Cronbach α 系数最小为 0.844，也超过了 0.70 的最低标准，且每一个题项的 CITC 值也都超过了 0.50 的标准，对于量表中的测量题项，删除其中的某一项之后都会造成相应概念 Cronbach α 系数的降低，这表明企业绩效测量量表具有较好的内部一致性，应该保留该测量表表中的所有题项。

表 3.6　企业绩效量表的内部一致性分析结果

维度	题项代码	CITC	删除题项后 Alpha 系数	Cronbach α
FP	FP1	0.723	0.825	0.844
	FP2	0.686	0.712	
	FP2	0.679	0.767	
MP	MP1	0.701	0.829	0.873
	MP2	0.623	0.756	
	MP3	0.713	0.809	

从表 3.7 所示结果可以看出，动态能力测量量表所有题项的 CITC 值均大于 0.7，远大于 0.5 的标准，每个维度下的 Cronbach α 值都超过 0.7，说明商业模式量表具有较好的可靠性。

表 3.7　动态能力测量量表内部一致性分析结果

维度	题项代码	CITC	删除题项后 Alpha 系数	Cronbach α
CSO	CSO1	0.685	0.823	0.833
	CSO2	0.734	0.854	
	CSO3	0.673	0.865	
	CSO4	0.699	0.789	
CIR	CIR1	0.775	0.808	0.893
	CIR2	0.812	0.819	
	CIR3	0.788	0.809	
	CIR4	0.799	0.845	
COR	COR1	0.753	0.819	0.862
	COR2	0.763	0.823	
	COR3	0.726	0.845	
	COR4	0.725	0.813	
	COR5	0.733	0.824	

2) 效度分析

为了检验量表对于研究问题的有效性，预测试还要考察测量量表的内容效度和结构效度。内容效度是指量表内容的适当性及与研究问题的相符性，一般采用定性方法进行分析。本书主要通过专业人员对量表的内容进行审查，确保商业模式、企业绩效、动态能力量表的内容效度，专业人员对量表在专业性和语义表达上进行了检查，结果表明本书测量量表具有较高的内容效度。

本书采用探索性因子分析来检验量表的结构效度，商业模式量表的探索性因子分析结果如表 3.8 所示，结果表明，量表中共提取 3 个特征值大于 1 的因子，即 VP1～VP3 存在共同因子，VC1～VC3 存在共同因子，VA1～VA3 存在共同因子。各个测量题项在三个因子上没有交叉负荷的现象，因此决定保留原有题项。

企业绩效量表的探索性因子分析结果如表 3.9 所示，结果表明量表中共提取 2 个特征值大于 1 的因子，即 FP1～FP3 存在共同因子，MP1～MP3 存在共同因子。各个测量题项在 2 个因子上没有交叉负荷的现象，因此决定保留原有题项。

表 3.8　商业模式量表的探索性因子分析数据结果

题项	因子 1	因子 2	因子 3
VP1	0.691	0.132	0.025
VP2	0.715	0.265	0.157
VP3	0.695	0.223	0.084
VC1	0.143	0.779	0.228
VC2	0.230	0.785	0.258
VC3	0.022	0.682	0.109
VA1	0.123	0.212	0.634
VA2	0.176	0.282	0.711
VA3	0.205	0.154	0.698

注：1) 主成分分析方法；2) 旋转与 kaiser 规范化较大方差法；3) 旋转在 3 次迭代中收敛。

表 3.9　企业绩效量表的探索性因子分析数据结果

题项	因子 1	因子 2
FP1	0.693	0.113
FP2	0.607	0.165
FP3	0.713	0.213
MP1	0.231	0.598
MP2	0.125	0.661
MP3	0.232	0.609

注：1) 主成分分析方法；2) 旋转与 kaiser 规范化较大方差法；3) 旋转在 2 次迭代中收敛。

根据样本数据对动态能力的题项进行因子分析，结果见表 3.10。

表 3.10　动态能力探索性因子分析数据结果

题项	因子 1	因子 2	因子 3
CSO1	0.680	0.033	0.178
CSO2	0.658	0.097	0.231
CSO3	0.705	0.102	0.264
CSO4	0.588	0.118	0.190
CIR1	0.109	0.779	0.245
CIR2	0.214	0.632	0.321
CIR3	0.093	0.685	0.235
CIR4	0.088	0.715	0.235
COR1	0.341	0.229	0.801
COR2	0.319	0.198	0.765
COR3	0.289	0.312	0.679
COR4	0.221	0.228	0.678
COR5	0.301	0.189	0.729

注：1) 主成分分析方法；2) 具有 kaiser 标准化的正交旋转法；3) 旋转在 3 次迭代后收敛。

上述预测试结果显示，商业模式、企业绩效、动态能力的测量量表具有较好的信度和效度，因此保留调查问卷中测量量表所有题项，用于后续结构模型的检验。

第4章 实证研究

4.1 调研总体与样本结构

本书自2017年4月至2017年6月，在国内通过参加行业会议现场发放问卷，或通过邮寄、电子邮件、电话、委托朋友亲属等方式向120家企业共发放问卷415份，截至2017年6月末，共回收有效问卷348份，问卷回收有效率为83.8%。样本的描述统计见表4.1。

表4.1 样本的描述统计

描述指标		比例	描述指标		比例
性别	男	61.3%	所在行业	电力设备制造	15.60%
	女	38.7%		IT 行业	19.50%
年龄	30 岁及以下	23.5%		建筑行业	12.20%
	31～40	24.8%		造船行业	18.60%
	41～50	18.9%		服务行业	23.80%
	51 岁及以上	32.8%		其他	10.3%
职位	董事长	12.9%	员工人数	100 人以下	22.8%
	总经理	27.8%		101～200 人	32.1%
	项目经理	39.3%		201～500 人	22.1%
	部门经理	20.0%		501～1000 人	16.4%
				1001 人及以上	6.6%
成立年数	2 以下年	17.4%	企业性质	国有企业	32.8%
	3～5 年	14.8%		民营企业	35.2%
	6～10 年	31.5%		外商独资	10.2%
	11～15 年	22.4%		合资企业	11.1%
	16 年及以上	13.9%		股份制企业	10.7%

表4.2对商业模式前因各题项数据进行统计分析，包括均值、标准差、偏度和峰度，用来验证调研所获得的数据是否服从正态分布。表中统计结果显示商业模式前因各个题项的均值在3.30～3.92，标准差从0.39～1.115不等，正式调查中，商业模式前因变量数据能够服从正态分布，可以进行信度和效度分析。

表 4.2 商业模式前因题项的描述性统计分析

代码	样本量统计	均值统计	标准差统计	偏度		峰度	
				统计	标准差	统计	标准差
PJC1	348	3.87	0.849	–0.094	0.119	–0.112	0.237
PJC2	348	3.84	0.802	–0.131	0.119	–0.670	0.237
PJC3	348	3.74	0.821	–0.232	0.119	–1.338	0.237
PJC4	348	3.92	0.859	0.092	0.119	–1.270	0.237
PJC5	348	3.87	0.826	0.091	0.119	–1.270	0.237
PJS1	348	3.62	0.916	–0.177	0.119	–1.339	0.237
PJS2	348	3.73	0.927	–0.173	0.119	–1.239	0.237
PJS3	348	3.61	0.913	–0.132	0.119	–1.239	0.237
PJS4	348	3.87	0.836	–0.211	0.119	–0.938	0.237
ESO1	348	3.49	0.858	0.255	0.119	–1.338	0.237
ESO2	348	3.73	0.825	0.187	0.119	–1.321	0.237
ESO3	348	3.86	0.888	0.034	0.119	–0.747	0.237
ESO4	348	3.87	0.824	–0.725	0.119	–1.874	0.237
EOS1	348	3.72	0.843	–0.765	0.119	–1.480	0.237
EOS2	348	3.61	0.921	–0.017	0.119	–1.421	0.237
EOS3	348	3.73	1.115	–0.113	0.119	–1.546	0.237
EOS4	348	3.47	0.390	–0.119	0.119	–1.041	0.237
PBN1	348	3.68	0.841	–0.449	0.119	–1.338	0.237
PBN2	348	3.77	0.915	–0.403	0.119	–0.309	0.237
PBN3	348	3.34	0.922	–0.411	0.119	–0.312	0.237
PBN4	348	3.57	0.679	–1.328	0.119	–0.864	0.237
EOC1	348	3.30	0.655	–0.411	0.119	–0.497	0.237
EOC2	348	3.59	1.101	–0.167	0.119	–0.739	0.237
EOC3	348	3.51	0.770	–0.352	0.119	–0.281	0.237

商业模式的相关题项的描述性统计分析如表 4.3 所示，量表中各个题项统计均值为 3.56～4.12，标准差为 0.802～0.953。各题项统计值的偏度绝对值小于 3，峰度绝对值小于 10，表明动态能力测量题项的统计值服从正态分布，可以进行信度和效度分析。

表 4.3 商业模式相关题项的描述性统计结果

代码	样本数量	均值	标准差	偏度		峰度	
				均值	标准差	均值	标准差
VP1	348	4.12	0.918	0.109	0.119	0.161	0.237
VP2	348	3.68	0.805	0.131	0.119	0.345	0.237
VP3	348	3.65	0.953	−0.233	0.119	0.679	0.237
VC1	348	3.89	0.904	0.019	0.119	−1.234	0.237
VC2	348	3.56	0.864	0.177	0.119	−1.219	0.237
VC3	348	3.59	0.923	−0.171	0.119	−1.239	0.237
VA1	348	3.74	0.802	−0.102	0.119	−1.239	0.237
VA2	348	3.88	0.856	−0.231	0.119	−0.938	0.237
VA3	348	3.66	0.876	0.255	0.119	−1.338	0.237

企业绩效的调查题项的描述性统计分析如表 4.4 所示，量表中各个题项统计均值为 3.21～3.68，标准差为 0.821～1.156。各题项统计值的偏度绝对值小于 3，峰度绝对值小于 10，表明动态能力测量题项的统计值服从正态分布，可以继续进行变量的信度和效度分析。

表 4.4 企业绩效的调查题项的描述性统计结果

代码	样本数量	均值	标准差	偏度		峰度	
				均值	标准差	均值	标准差
FP1	348	3.21	1.136	0.003	0.119	−0.747	0.237
FP2	348	3.56	1.156	0.003	0.119	−0.747	0.237
FP3	348	3.66	0.872	−0.765	0.119	−1.874	0.237
MP1	348	3.23	0.890	−0.458	0.119	−1.480	0.237
MP2	348	3.57	0.821	−0.217	0.119	−1.421	0.237
MP3	348	3.68	0.912	−0.213	0.119	−1.546	0.237

动态能力的调查题项的描述性统计分析如表 4.5 所示，量表中各个题项统计均值为 3.18～4.02，标准差为 0.772～1.103。各题项统计值的偏度绝对值小于 3，峰度绝对值小于 10，表明动态能力测量题项的统计值服从正态分布，说明可以对动态能力变量进行信度和效度分析。

表 4.5 动态能力的调查题项的描述性统计分析

代码	样本量 统计	均值 统计	标准差 统计	偏度		峰度	
				统计	标准差	统计	标准差
CSO1	348	4.02	0.918	0.109	0.119	–0.104	0.237
CSO2	348	3.85	0.803	0.131	0.119	–0.606	0.237
CSO3	348	3.69	0.957	–0.233	0.119	–1.338	0.237
CSO4	348	3.87	0.814	–0.176	0.118	–0.546	0.234
CIR1	348	3.95	0.904	0.092	0.119	–1.270	0.237
CIR2	348	3.23	0.854	0.177	0.119	–1.339	0.237
CIR3	348	3.62	0.922	–0.636	0.118	–0.148	0.236
CIR4	348	3.33	0.903	–0.523	0.118	–0.144	0.237
COR1	348	3.64	0.944	–0.102	0.119	–1.239	0.237
COR2	348	3.80	1.103	–0.333	0.119	–0.074	0.237
COR3	348	3.99	0.772	–0.324	0.118	–0.233	0.236
COR4	348	3.18	0.943	–0.231	0.119	–0.938	0.237
COR5	348	3.68	0.871	0.255	0.119	–1.338	0.237

4.2 量表信度和效度检验

量表信度和效度检验在进行理论模型及其假设检验之前，首先对各个研究变量的信度和效度进行再检验，以进一步明确各研究变量的结构效度和信度。

4.2.1 探索性因子分析

1. 商业模式前因变量

1) 内部一致性检验

内部一致性是信度分析的重要内容，而该指标在评价多维量表的内部一致性方面已被证实非常有效，它反映的是调查问卷各项目或题项之间的相关程度，这些项目应该反映同一个独立概念的不同侧面。本书运用 SPSS11.5 对商业模式前因变量相关维度的内部一致性信度进行检验，内部一致性信度的检验主要通过两个指标来进行，这两个指标是项目—总体相关系数 CITC 和 Cronbach α 系数。本书使用 Cronbach α 系数(简称 Q 系数)来评价多维度量表的内部一致性，Cronbach α 系数反映了调查问卷中同一变量下不同题项间的相关程度，被广泛用于评价多维量表的内部一致性。

本书检验结果见表 4.6，商业模式前因变量 24 个题项 CITC 指数均大于 0.5 的最低标准，Cronbach α 系数均大于 0.7，删除任一题项都会引起 Cronbach α 系数的降低，这说明商业模式影响因素量表具有较好的内部一致性。

为了验证从本书提出的商业模式前因概念性维度与探索性因子分析所得出的实证性维度是否一致，需要进行 KMO 与 Bartlett 检验。表 4.7 结果显示 KMO 值为 0.728，Bartlett 球形检验值为 937.665，P=0.000，达到显著，代表母群体的相关矩阵间有共同因子存在，适合进行因子分析。

表 4.6 内部一致性信度分析结果

维度	题项	CITC	删除题项后 Alpha 系数	Cronbach α
PJC	PJC1	0.6112	0.6963	0.7347
	PJC2	0.5890	0.7134	
	PJC3	0.5767	0.7133	
	PJC4	0.6123	0.7243	
	PJC5	0.6231	0.7231	
PJS	PJS1	0.5897	0.6898	0.7789
	PJS2	0.6122	0.7036	
	PJS3	0.5897	0.6959	
	PJS4	0.5766	0.6737	
ESO	ESO1	0.5789	0.7112	0.8092
	ESO2	0.6345	0.7298	
	ESO3	0.6130	0.7354	
	ESO4	0.6239	0.7543	
EOS	EOS1	0.5545	0.7436	0.8341
	EOS2	0.5983	0.60937	
	EOS3	0.5545	0.6514	
	EOS4	0.5562	0.7645	
PBN	PBN1	0.6077	0.7032	0.7734
	PBN2	0.6212	0.7130	
	PBN3	0.5898	0.7356	
	PBN4	0.5728	0.7323	
EOC	EOC1	0.6034	0.6692	0.8747
	EOC2	0.6123	0.8067	
	EOC3	0.5923	0.6453	

表 4.7 KMO 与 Bartlett 检验

KMO	取样适当性度量值	0.728
Bartlett 球形检验	近似卡方分布	937.665
	自由度	374
	显著性	0.000

2）探索性因子分析

在检验量表的内部一致性信度后，对量表的效度进行检验（表 4.8）。结果显示，样本数据在正交旋转之后，共提取 6 个特征值大于 1 的因子，累计解释方差变动的 70.221%。每个题项在单一维度的因子负荷均大于 0.5，而且每个题项没有同时在多个维度上具有较高的因子负荷，没有跨因子负荷（cross-loading）的现象，分析结果说明量表具有较好的单维度性和收敛效度，也表明本书对商业模式影响因素 6 个维度的划分是合理的。

表 4.8　商业模式前因的探测性因子分析

题项	因子 1	因子 2	因子 3	因子 4	因子 5	因子 6
PJC1	0.692	0.132	0.184	0.222	0.135	0.089
PJC2	0.712	0.156	0.121	0.201	0.181	0.066
PJC3	0.687	0.142	0.141	0.187	0.101	0.026
PJC4	0.719	0.153	0.056	0.212	0.1341	0.014
PJC5	0.714	0.012	0.131	0.104	0.228	0.115
PJS1	0.421	0.683	0.257	0.025	0.102	0.233
PJS2	0.311	0.698	0.295	0.102	0.088	0.310
PJS3	0.142	0.548	0.202	0.085	0.066	0.147
PJS4	0.254	0.668	0.189	0.065	0.102	0.202
ESO1	0.021	0.121	0.712	0.254	0.254	0.299
ESO2	0.185	0.185	0.723	0.153	0.222	0.245
ESO3	0.125	0.156	0.645	0.021	0.268	0.302
ESO4	0.134	0.185	0.683	0.253	0.222	0.245
EOS1	0.125	0.224	0.147	0.694	0.351	0.115
EOS2	0.269	0.219	0.123	0.812	0.263	0.198
EOS3	0.247	0.245	0.159	0.655	0.014	0.132
EOS4	0.022	0.231	0.165	0.713	0.323	0.158
PBN1	0.214	0.115	0.215	0.112	0.659	0.265
PBN2	0.131	0.138	0.267	0.252	0.645	0.325
PBN3	0.214	0.105	0.215	0.112	0.659	0.265
PBN4	0.259	0.031	0.224	0.221	0.610	0.265
EOC1	0.215	0.025	0.321	0.311	0.255	0.704
EOC2	0.161	0.012	0.310	0.026	0.198	0.700
EOC3	0.216	0.102	0.228	0.212	0.250	0.625

注：1）主成分分析方法；2）旋转与 kaiser 规范化方法最大方差法；3）旋转在 6 次迭代中收敛。

2. 商业模式

1) 内部一致性检验

在对商业模式量表研究中，采用 Cronbach α 系数和总体相关系数 CITC 值来衡量内部一致性，从表 4.9 结果可以看出，商业模式测量量表中相关题项的 CITC 值最小为 0.724，超过 0.5 标准，各维度下的 Cronbach α 值最小为 0.905，也超过 0.7 标准，删除任一题项都会带来 Cronbach α 值下降，说明商业模式的测量量表具有较好的可靠性。

表 4.9 商业模式量表内部一致性信度分析结果

维度	题项代码	CITC	删除题项后 Alpha 系数	Cronbach α
VP	VP1	0.751	0.841	0.934
	VP2	0.793	0.853	
	VP3	0.778	0.845	
VC	VC1	0.724	0.822	0.943
	VC2	0.828	0.919	
	VC3	0.784	0.851	
VA	VA1	0.749	0.819	0.905
	VA2	0.856	0.929	
	VA3	0.765	0.854	

表 4.10 结果显示 KMO 值为 0.933，Bartlett 球形检验值为 2480.423，P=0.000，达到显著，代表母群体的相关矩阵间有共同因子存在，适合进行因子分析。

表 4.10 商业模式量表 KMO 与 Bartlett 检验

KMO	取样适当性度量值	0.933
Bartlett 球形检验	近似卡方分布	2480.423
	自由度	78
	显著性	0.000

2) 探索性因子分析

对商业模式量表的效度进行检验，结果显示(表 4.11)，样本数据在正交旋转之后，共提取 3 个特征值大于 1 的因子，累计解释方差变动的 69.041%。每个题项在单一维度的因子负荷均大于 0.5，而且每个题项没有同时在多个维度上具有较高的因子负荷，没有跨因子负荷的现象，分析结果说明量表具有较好的单维度性和收敛效度，也表明本书对商业模式 3 个维度的划分是合理的。

表 4.11　商业模式探索性因子分析数据结果

题项	因子 1	因子 2	因子 3
VP1	0.680	0.252	0.025
VP2	0.658	0.247	0.157
VP3	0.705	0.123	0.084
VC1	0.268	0.779	0.232
VC2	0.301	0.685	0.275
VC3	0.168	0.682	0.196
VA1	0.053	0.305	0.678
VA2	0.131	0.182	0.729
VA3	0.241	0.114	0.717

注：1)主成分分析方法；2)旋转与 kaiser 规范化最大方差法；3)旋转在 3 次迭代中收敛。

3. 企业绩效

1) 内部一致性检验

企业绩效的内部一致性分析结果如表 4.12 所示。由表可以看出，企业绩效测量量表所有题项的 CITC 值最小值为 0.609，大于 0.5 的标准，各维度下的 Cronbach α 值都超过了 0.9，大于 0.7，删除任一题项都会带来 Cronbach α 值下降，说明企业绩的效量表具有较好的可靠性。

表 4.12　企业绩效量表内部一致性分析结果

维度	题项代码	CITC	删除题项后 Alpha 系数	Cronbach α
FP	FP1	0.703	0.813	0.922
	FP2	0.632	0.725	
	FP2	0.609	0.728	
MP	MP1	0.712	0.817	0.902
	MP2	0.643	0.707	
	MP3	0.789	0.815	

表 4.13 结果显示 KMO 值为 0.897，Bartlett 球形检验值为 1145.543，P=0.000，达到显著，代表母群体的相关矩阵间有共同因子存在，适合进行因子分析。

表 4.13　企业绩效量表 KMO 与 Bartlett 检验

KMO	取样适当性度量值	0.897
Bartlett 球形检验	近似卡方分布	1145.543
	自由度	55
	显著性	0.000

2)探索性因子分析

对企业绩效量表的效度进行检验结果显示(表 4.14)，样本数据在正交旋转之后，共提取 2 个特征值大于 1 的因子，累计解释方差变动的 70.121%。每个题项在单一维度的因子负荷均大于 0.5，而且每个题项没有同时在多个维度上具有较高的因子负荷，没有跨因子负荷的现象，分析结果说明量表具有较好的单维度性和收敛效度，也表明本书对商业模式 2 个维度的划分是合理的。

表 4.14 企业绩效探索性因子分析数据结果

题项	因子 1	因子 2
FP1	0.693	0.113
FP2	0.607	0.165
FP3	0.713	0.213
MP1	0.231	0.598
MP2	0.125	0.661
MP3	0.232	0.609

注：1)主成分分析方法；2)旋转与 kaiser 规范化最大方差法；3)旋转在 2 次迭代中收敛。

4. 动态能力

1)内部一致性分析

从表 4.15 结果可以看出，动态能力测量量表所有题项的 CITC 值均大于 0.6，远大于 0.5 的标准，每个维度下的 Cronbach α 值都超过了 0.9，大于 0.7，说明动态能力量表具有较好的可靠性。

表 4.15 动态能力测量量表内部一致性分析结果

维度	题项代码	CITC	删除题项后 Alpha 系数	Cronbach α
CSO	CSO1	0.681	0.841	0.923
	CSO2	0.763	0.853	
	CSO3	0.803	0.832	
	CSO4	0.779	0.875	
CIR	CIR1	0.775	0.822	0.942
	CIR2	0.856	0.919	
	CIR3	0.799	0.845	
	CIR4	0.8023	0.867	
COR	COR1	0.753	0.819	0.919
	COR2	0.766	0.829	
	COR3	0.786	0.845	
	COR4	0.722	0.832	
	COR5	0.765	0.854	

表 4.16 结果显示 KMO 值为 0.921，Bartlett 球形检验值为 2412.232，P=0.000，达到显著，代表母群体的相关矩阵间有共同因子存在，适合进行因子分析。

表 4.16　KMO 与 Bartlett 检验

KMO	取样适当性度量值	0.921
Bartlett 球形检验	近似卡方分布	2412.232
	自由度	87
	显著性	0.000

2) 探索性因子分析

根据样本数据对动态能力的题项进行因子分析，结果见表 4.17。

表 4.17　动态能力探索性因子分析数据结果

题项	因子 1	因子 2	因子 3
CSO1	0.680	0.033	0.178
CSO2	0.658	0.097	0.231
CSO3	0.705	0.102	0.264
CSO4	0.588	0.118	0.190
CIR1	0.109	0.779	0.245
CIR2	0.214	0.632	0.321
CIR3	0.093	0.685	0.235
CIR4	0.112	0.710	0.239
COR1	0.341	0.229	0.801
COR2	0.319	0.198	0.765
COR3	0.289	0.312	0.679
COR4	0.221	0.228	0.678
COR5	0.301	0.189	0.729

注: 1) 主成分分析方法; 2) 旋转与 kaiser 规范化最大方差法; 3) 旋转在 3 次迭代中收敛。

对企业绩效量表的效度进行检验，结果显示，样本数据在正交旋转之后，共提取 3 个特征值大于 1 的因子，累计解释方差变动的 74.675%。每个题项在单一维度的因子负荷均大于 0.5，而且每个题项没有同时在多个维度上具有较高的因子负荷，没有跨因子负荷的现象，分析结果说明量表具有较好的单维度性和收敛效度，也表明本书对动态能力 3 个维度的划分是合理的。

4.2.2 验证性因子分析

为了评估假设模型对理论模型的拟合效果，本书检验了测量模型的绝对性拟合度指标和比较性拟合度指标。在绝对性拟和度指标中，χ^2 表示被估计的协方差矩阵 E 与未被限定的样本协方差矩阵 S 之间的接近程度，一般来说，χ^2 值越小，代表假设模型与完美模型之间的拟合程度越高。自由度 d*f* 反映了模型的复杂程度，模型越简单，自由度越多，反之，模型越复杂，自由度越少。绝对性拟合指标还包括 GFI、AGFI、RMSEA 和 RMR，其中 GFI 和 AGFI 为拟合优度指数，其值接近或达到 0.9 时，表示模型具有较好的拟合度；RMSEA 为近似误差均方根，其值越小表示拟合程度越高，RMSEA 小于 0.08 时，模型的拟合程度可以接受；RMR 为拟合残差的平均值的平方根，一般认为 RMR 的值小于 0.05 时，模型拟合度较好。比较性拟合指标有 χ^2/d*f*、NFI 与 CFI，其中 χ^2/ d*f* 是用来衡量不同模型之间拟合程度的相对效率，研究者建议 χ^2/ d*f* 在 2.0～5.0 表示模型具有合理的拟合度。

1. 商业模式前因变量

本书商业模式前因变量模型拟合结果如表 4.18 和图 4.1 所示。

由验证性因子分析结果可知，6 维度商业模式前因的测量模型的 χ^2 为 1080.86，d*f* 值为 374，χ^2/ d*f* 等于 2.89，介于 2.0 和 5.0 之间；绝对拟合度值 GFI、AGFI 分别为 0.96、0.92，达到 0.90 的标准；相对拟合度 NFI、CFI 分别为 0.97、0.91，也都超出了 0.90 的标准；RMSEA 值 0.068，满足 GundOSsen 等提出的最好能够小于 0.08 的优选标准；RMR 值是 0.031，满足 ReisingOS 提出的小于 0.05 的优选标准。所有参数都证明，研究变量模拟与数据的拟合状况较好。

表 4.18 验证性因子分析拟合指数结果

χ^2	d*f*	χ^2/d*f*	GFI	AGFI	NFI	CFI	RMSEA	RMR
1080.86	374	2.89	0.96	0.92	0.97	0.91	0.068	0.031

2. 商业模式变量

商业模式前因变量的验证性因子分析结果如表 4.19 所示，其中，χ^2/d*f* 值为 2.9，介于 2 和 5 之间，绝对拟合指标 GFI、AGFI、NFI、CFI 分别为 0.91、0.94、0.93 和 0.93，取值都大于 0.9；相对拟合度指标 RMSEA 为 0.057，小于 0.08，RMR 为 0.039，取值小于 0.05。

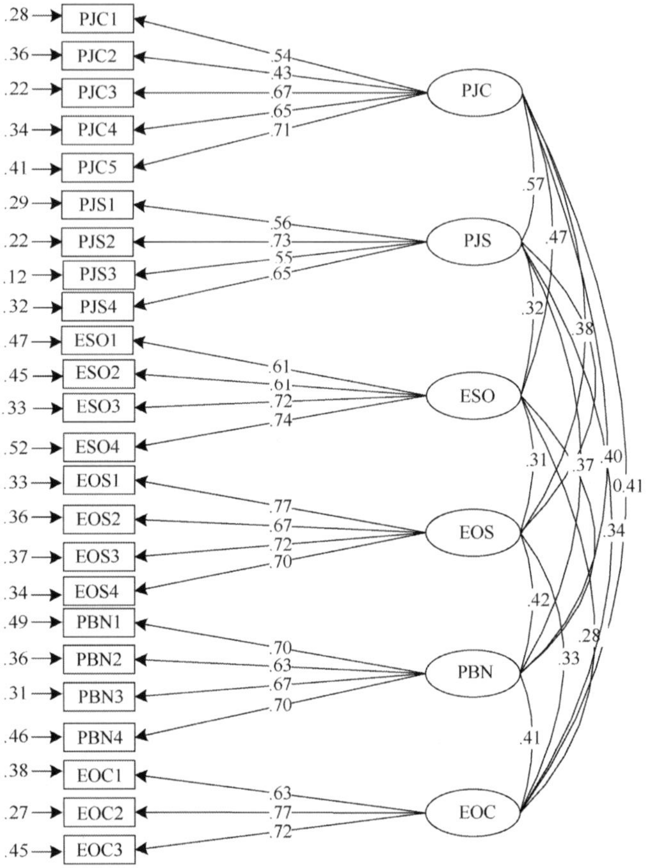

图 4.1　商业模式前因变量验证性因子分析

表 4.19　商业模式的验证性因子分析拟合指数结果

χ^2	df	χ^2/df	GFI	AGFI	NFI	CFI	RMSEA	RMR
200.1	69	2.9	0.91	0.94	0.93	0.93	0.057	0.039

分析结果说明商业模式测量模型与数据拟合效果较好(图 4.2)，该测量量表可继续用于下一步分析。

3. 企业绩效变量

企业绩效验证性因子分析如表 4.20 所示，χ^2/df 值为 3.53，介于 2 和 5 之间，绝对拟合指标 GFI、AGFI、NFI、CFI 分别为 0.96、0.94、0.92 和 0.92，取值都大于 0.9；相对拟合度指标 RMSEA 为 0.055，小于 0.08，RMR 为 0.027，取值小于 0.05，上述结果说明企业绩效测量模型与数据拟合效果较好(图 4.3)，表示该测量量表可继续用于下一步分析。

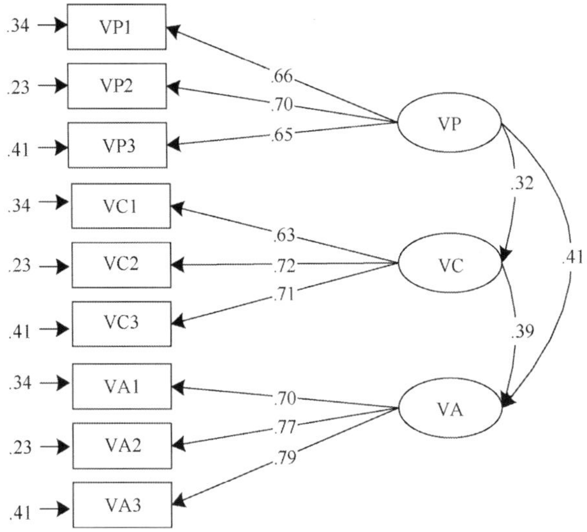

图 4.2 商业模式验证性因子分析

表 4.20 企业绩效验证性因子分析拟合指数结果

χ^2	df	χ^2/ df	GFI	AGFI	NFI	CFI	RMSEA	RMR
28.24	8	3.53	0.96	0.94	0.92	0.92	0.055	0.027

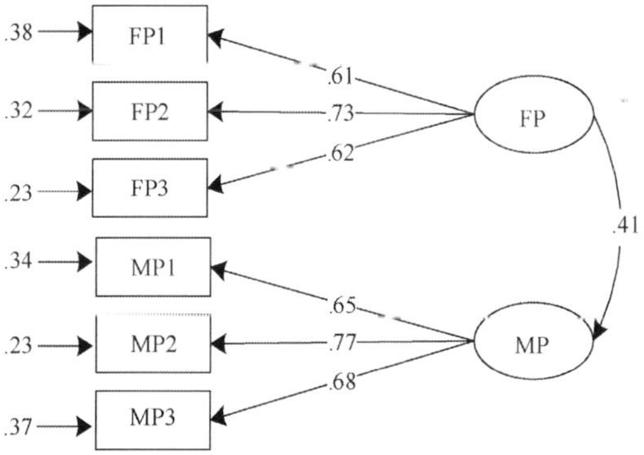

图 4.3 企业绩效验证性因子分析

4. 动态能力变量

动态能力的验证性因子分析结果如表 4.21 所示，其中，χ^2/df 值为 3.25，介于 2 和 5 之间，绝对拟合指标 GFI、AGFI、NFI、CFI 分别为 0.90、0.92、0.93 和 0.92，取值都大于 0.9；相对拟合度指标 RMSEA 为 0.046，小于 0.08，RMR 为 0.035，取值小于 0.05。

表 4.21 动力能力的验证性因子分析拟合指数结果

χ^2	df	χ^2/df	GFI	AGFI	NFI	CFI	RMSEA	RMR
182	56	3.25	0.90	0.92	0.93	0.92	0.046	0.035

上述结果说明动态能力测量模型与数据拟合效果较好(图 4.4)，该测量量表可继续用于下一步分析。

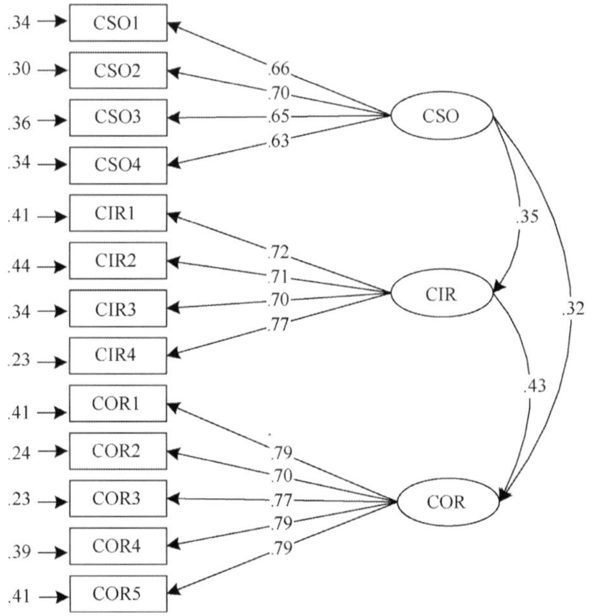

图 4.4 动态能力验证性因子分析

4.3 商业模式与企业绩效关系实证模型检验

1. 相关分析

相关分析是指对两个或多个具备相关性的变量元素进行分析，从而衡量每两个变量因素的相关密切程度。在进行结构方程模型分析前，有必要先检验研究模型中各个变量间的相关性，只有通过相关性检验，才可以研究模型中的变量间关系，因此，相关分析是模型检验的基础。表 4.22 显示了商业模式与企业绩效间具有较好的相关性。

相关分析是研究模型的初步检验，虽然反映了变量间的密切程度，但具体的作用关系是什么并不清楚，后面将把各变量纳入结构方程中，对它们做进一步验证分析。

表 4.22 模型变量的相关分析

	PJC	PJS	ESO	EOS	PBN	EOC	VP	VC	VA	FP	MP
PJC	1										
PJS	0.33**	1									
ESO	0.24**	0.40**	1								
EOS	0.35**	0.57**	–0.33**	1							
PBN	0.23**	0.25**	–0.27**	0.51**	1						
EOC	0.32**	0.38**	–0.17*	0.47**	0.34**	1					
VP	0.41**	0.51**	–0.07**	0.65**	0.11	0.32**	1				
VC	0.33**	0.18**	–0.23**	0.45**	0.19**	0.33**	0.44**	1			
VA	0.32**	0.23**	0.23**	0.36**	0.23**	0.20**	0.23**	0.33**	1		
FP	0.42**	0.40**	–0.33**	0.41**	0.29**	0.41**	0.34**	0.38**	0.32**	1	
MP	0.38**	0.35**	–0.30**	0.38**	0.32**	0.32*	0.41**	0.47**	0.33**	0.35**	1

注: ** $P<0.01$。

2. 结构方程模型构建与分析

结构方程建模(structural equation modeling, SEM)是一种综合运用多元回归分析、路径分析(path analysis)和确认型因子分析方法而形成的统计数据分析工具，可以分析多因变量、多自变量之间的复杂因果关系。结构方程分析中使用样本数据的协方差矩阵来拟合理论模型，并对初始模型进行评价和修正，进而得到拟合偏差最小的最优模型，尤其是采用 LISREL 和 AMOS 等专业软件后，结构方程分析成为解决社会科学数据方面复杂多元关系的一个强有力的工具。

SEM 由测量模型和结构模型两个部分构成，测量模型描述显变量和潜变量之间的关联，表明一个潜变量是由哪些观察变量来度量的。结构模型则描述潜变量之间的关联，是一组类似多元回归中描述外生变量和内生变量间定量关系的模型，测量模型和结构模型在逻辑上是密不可分的。一般来讲，验证的研究假设主要体现在结构模型部分，类似于多元回归分析自变量对因变量的影响。结构方程所处理的都是潜变量，不可直接测量，所以需要有变量设计的过程，从概念性变量逐渐转换到操作型变量。测量模型正是描述此变量设计过程的内容。

结构方程的一般形式为

$$\eta = B\eta + \Gamma\xi + \zeta \tag{4.1}$$

其中，η 代表潜在内生变量；ξ 代表潜在自变量；B 代表 η 变量相关系数；Γ 代表 ξ 变量相关系数；ζ 代表结构关系中的随机误差。

本书中商业模式前因是外生变量，由 6 个维度构成，包括项目任务复杂性(ξ_1)、项目任务相似性(ξ_2)、企业战略导向(ξ_3)、企业组织结构(ξ_4)、项目商务网络(ξ_5)和外部环境(ξ_6)。商业模式和企业绩效作为内生变量，其中，商业模式由 3 个维度构成，包括价值主张(η_1)、价值创造与传递(η_2)、价值获取(η_3)；企业绩效由 2 个维度构成，包括市场绩效(η_4)和财务绩效(η_5)，每个潜变量分别由各自的显变量进行测量。图 4.5 表示了模型中的潜变量和显变量，假设检验就是对模型中的因果关系进行验证。

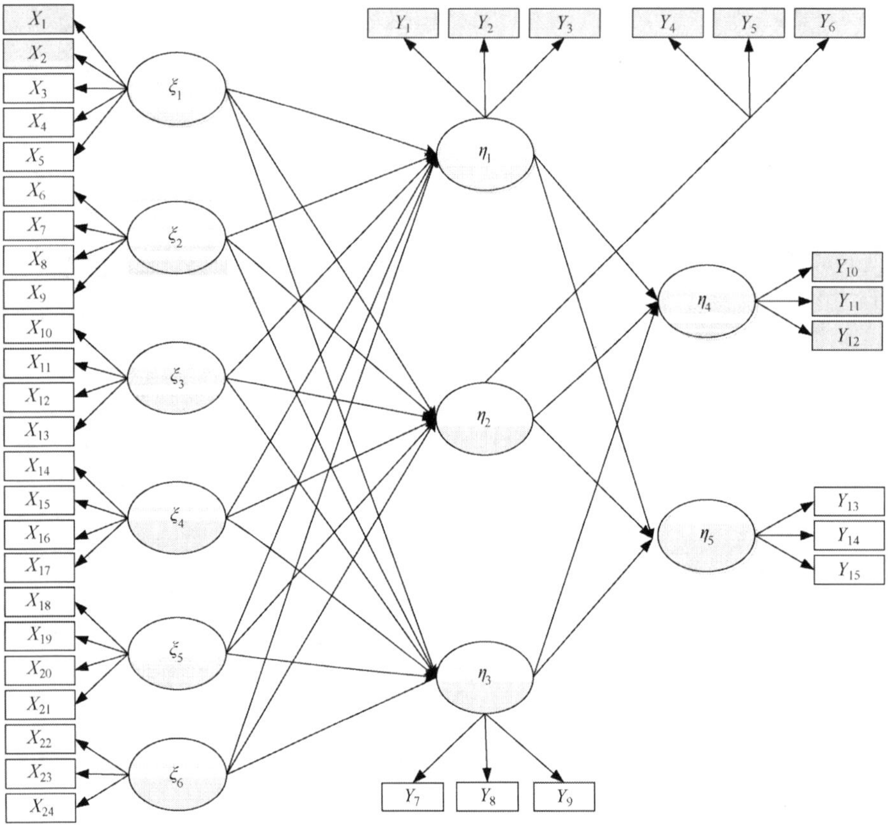

图 4.5　理论假设模型

1)初始结构模型的结果分析

通过前面分析，模型各变量的测量模型具有较好的信度和效度，并且通过了相关分析检验，为了深入研究变量间的作用关系，下面使用 LISREL8.7 对初始结构模型进行分析。

表 4.23 显示了初始结构模型(M1)的拟合结果，χ^2/df 值为 2.91，介于 2 和 5 建议值之间，而 RMSEA 值小于上限值 0.08，NFI、CFI 值大于 0.9 的最低标准，表明本书的初始模型(M1)的拟合结果可以接受。但由于 GFI、AGFI 指标还未达到 0.9 的标准，还需要进一步修正初期模型，保证得到最优拟合模型。

表 4.23 初始结构模型(M1)的拟合结果

χ^2	df	χ^2/df	GFI	AGFI	NFI	IFI	CFI	RMSEA
1865.31	641	2.91	0.84	0.82	0.91	0.93	0.91	0.069

从图 4.6 和表 4.24 看出，拟合模型中项目任务复杂性对商业模式三个维度(价值主张、价值创造与传递、价值获取)影响的标准化路径系数分别为 0.35、0.24、0.16，其中项目任务复杂性对价值获取影响不显著；项目任务相似性对商业模式三个维度(价值主张、价值创造与传递、价值获取)影响的标准化路径系数分别为 0.22、0.36、0.18，均达到显著性水平；企业战略导向对商业模式三个维度(价值主张、价值创造与传递、价值获取)影响的标准化路径系数分别为 0.29、0.33、0.28，均达到显著性水平要求；企业组织结构对商业模式三个维度(价值主张、价值创造与传递、价值获取)影响的标准化路径系数分别为 0.09、0.22、0.17，其中企业组织结构对价值主张的影响不显著；项目商务网络对商业模式三个维度(价值主张、价值创造与传递、价值获取)影响的标准化路径系数分别为 0.18、0.09、0.10，其中，项目商务网络对价值主张影响不显著；外部环境对商业模式三个维度(价值主张、价值创造与传递、价值获取)影响的标准化路径系数分别为–0.19、–0.16、–0.08，均达到了显著性水平要求；价值主张对企业绩效(财务绩效和市场绩效)影响的标准化路径系数分别为 0.44、0.32，达到了显著性水平要求；价值创造与传递对企业绩效(财务绩效和市场绩效)影响的标准化路径系数分别为 0.40、0.17，达到了显著性水平要求；价值获取对企业绩效(财务绩效和市场绩效)影响的标准化路径系数分别为 0.23、0.29，达到了显著性水平要求。

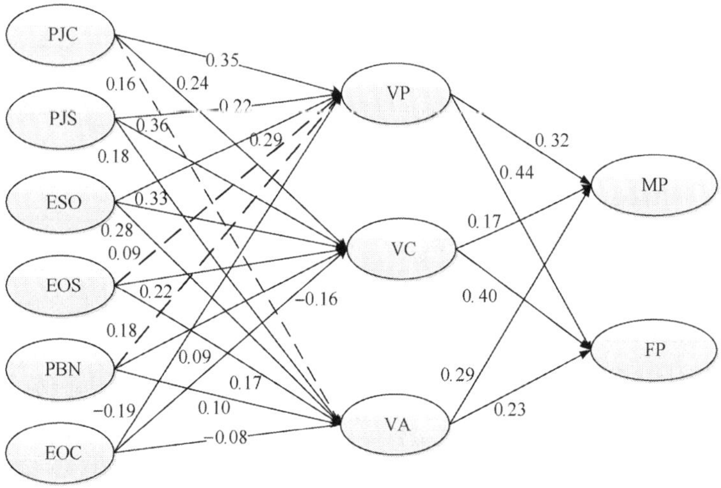

图 4.6 初始结构模型 M1

表 4.24 初始研究模型 M1 的路径分析

假设	关系	标准化路径系数	T 值	是否显著	假设检验结果
H_{1a}	VP←PJC	0.35^{***}	5.43	是	支持
H_{1b}	VC←PJC	0.24^{***}	5.89	是	支持
H_{1c}	VA←PJC	0.16	1.15	否	不支持
H_{2a}	VP←PJS	0.22^{***}	2.66	是	支持
H_{2b}	VC←PJS	0.36^{***}	2.68	是	支持
H_{2c}	VA←PJS	0.18^{**}	2.15	是	支持
H_{3a}	VP←ESO	0.29^{**}	2.18	是	支持
H_{3b}	VC←ESO	0.33^{***}	–3.45	是	支持
H_{3c}	VA←ESO	0.28^{**}	2.33	是	支持
H_{4a}	VP←EOS	0.09	1.46	否	不支持
H_{4b}	VC←EOS	0.22^{***}	5.56	是	支持
H_{4c}	VA←EOS	0.17^{**}	2.04	是	支持
H_{5a}	VP←PBN	0.18	0.76	否	不支持
H_{5b}	VC←PBN	0.09^{**}	2.45	是	支持
H_{5c}	VA←PBN	0.10^{**}	2.49	是	支持
H_{6a}	VP←EOC	-0.19^{**}	2.33	是	支持
H_{6b}	VC←EOC	-0.16^{**}	2.41	是	支持
H_{6c}	VA←EOC	-0.08^{**}	1.89	是	支持
H_{7a}	MP←VP	0.32^{***}	4.59	是	支持
H_{7b}	FP←VP	0.44^{***}	3.73	是	支持
H_{7c}	MP←VC	0.17^{***}	2.66	是	支持
H_{7d}	FP←VC	0.40^{***}	5.15	是	支持
H_{7e}	MP←VA	0.29^{**}	2.14	是	支持
H_{7f}	FP←VA	0.23^{***}	1.98	是	支持

注：***P<0.001；**P<0.01。

2）修正模型 M2 分析

在初始结构模型基础上，将 T 值不显著的路径去掉，即删除“企业组织结构→价值主张”、“项目商务网络→价值主张”两条路径，其修正模型 M2 拟合路径见图 4.7。

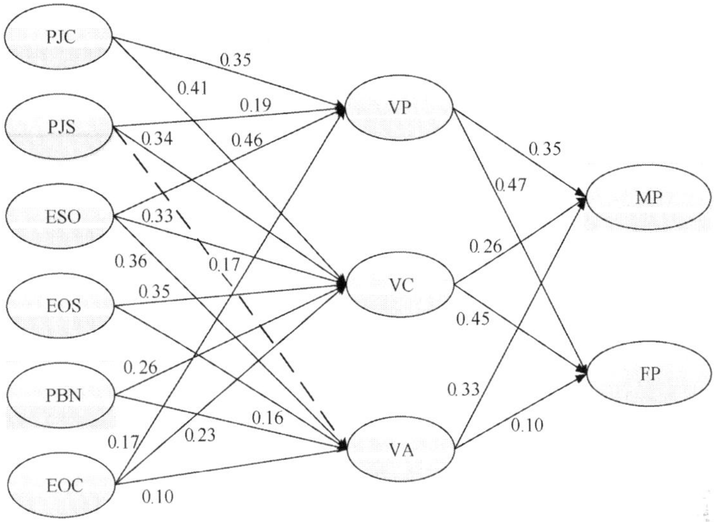

图 4.7 修改结构模型 M2

M2 拟合结果如表 4.25 所示。整个模型的自由度(*df*)为 645，卡方值和自由度的比值(χ^2/df)为 2.87，说明 M2 总体拟合效果较初期模型 M1 更为理想。同时 RMSEA 值均小于一般所认为的 0.08 的标准，而且 NFI、CFI 的值也都大于各项研究所建议的 0.9 的标准，但 GFI、AGFI 值虽略高于初期模型，但都小于各项研究所建议的 0.9 的标准，各项拟合度指标部分令人满意，还需要进一步修正模型。表 4.26 显示“项目任务相似性→价值获取”不显著，其余都得到支持，故删除该路径，以使模型的拟合度较好。在模型的拟合过程中，修正系数(modification indcx)提示应该增加 H_8：价值主张→价值创造与传递和 H_9：价值主张→价值获取”这两条路径。

表 4.25 修正模型 M2 的拟合结果

χ^2	df	χ^2/df	GFI	AGFI	NFI	IFI	CFI	RMSEA
1851.15	645	2.87	0.86	0.84	0.92	0.93	0.91	0.067

表 4.26 修正模型 M2 的路径分析

假设	关系	标准化路径系数	T 值	是否显著	假设检验结果
H_{1a}	VP←PJC	0.35^{***}	5.40	是	支持
H_{1b}	VC←PJC	0.41^{***}	5.78	是	支持
H_{2a}	VP←PJS	0.17^{**}	2.89	是	支持
H_{2b}	VC←PJS	0.34^{***}	2.65	是	支持
H_{2c}	VA←PJS	0.19	1.17	否	不支持
H_{3a}	VP←ESO	0.46^{***}	–3.66	是	支持
H_{3b}	VC←ESO	0.33^{**}	2.30	是	支持

续表

假设	关系	标准化路径系数	T 值	是否显著	假设检验结果
H_{3c}	VA←ESO	0.36**	3.24	是	支持
H_{4b}	VC←EOS	0.35***	3.44	是	支持
H_{4c}	VA←EOS	0.16***	3.45	是	支持
H_{5b}	VC←PBN	0.26**	2.02	是	支持
H_{5c}	VA←PBN	0.16**	2.45	是	支持
H_{6a}	VP←EOC	0.17**	2.33	是	支持
H_{6b}	VC←EOC	0.23**	2.33	是	支持
H_{6c}	VA←EOC	0.10**	2.41	是	支持
H_{7b}	FP←VP	0.47***	3.73	是	支持
H_{7a}	MP←VP	0.35***	4.59	是	支持
H_{7d}	FP←VC	0.45***	5.15	是	支持
H_{7c}	MP←VC	0.26***	2.66	是	支持
H_{7f}	FP←VA	0.10	2.76	是	支持
H_{7e}	MP←VA	0.33**	2.21	是	支持

注：****P*<0.001；***P*<0.01。

3) 修正模型 M3 分析

修正模型 M3 在删除一条路径并增加两条路径后，我们利用 LISRELS8.7 对模型进行结构方程模型分析，拟合情况参见图 4.8。

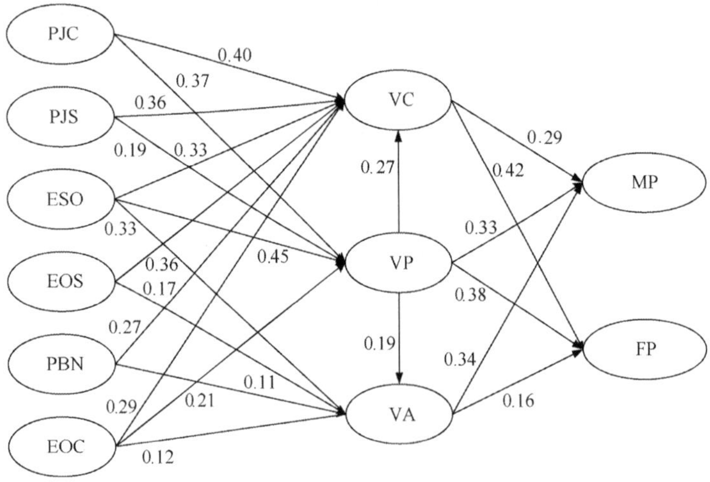

图 4.8　修正结构模型 M3

M3 拟合结果如表 4.27 所示。整个模型的自由度(*df*)为 644，卡方值和自由度的比值(χ^2/df)为 2.78，说明 M2 总体拟合效果较初期模型 M1 更为理想。同时 RMSEA 值均小于一般所认为的 0.08 的标准，而且 NFI、CFI 值也都大于各项研究所建议的 0.9 的标准，但 GFI、AGFI 值虽略高于初期模型，但都小于各项研究所建议的 0.9 的标准，各项拟合度指标部分令人满意。表 4.28 显示了修正后的路径系数，修正后的假设关系都达到显著性水平，研究模型得到支持。

表 4.27 修正模型 M3 的拟合结果

χ^2	df	χ^2/ df	GFI	AGFI	NFI	IFI	CFI	RMSEA
1790.32	644	2.78	0.89	0.87	0.92	0.93	0.92	0.067

表 4.28 研究模型 M3 的路径分析

假设	关系	标准化路径系数	T 值	是否显著	假设检验结果
H_{1a}	VP←PJC	0.37^{***}	4.50	是	支持
H_{1b}	VC←PJC	0.40^{***}	5.89	是	支持
H_{2a}	VP←PJS	0.19^{***}	3.24	是	支持
H_{2b}	VC←PJS	0.36^{***}	3.12	是	支持
H_{3a}	VP←ESO	0.45^{***}	3.67	是	支持
H_{3b}	VC←ESO	0.33^{**}	2.56	是	支持
H_{3c}	VA←ESO	0.33^{***}	3.41	是	支持
H_{4b}	VC←EOS	0.36^{***}	4.49	是	支持
H_{4c}	VA←EOS	0.17^{**}	2.62	是	支持
H_{5b}	VC←PBN	0.27^{**}	2.45	是	支持
H_{5c}	VA←PBN	0.11^{**}	2.33	是	支持
H_{6a}	VP←EOC	0.21^{**}	2.41	是	支持
H_{6b}	VC←EOC	0.29^{**}	2.03	是	支持
H_{6c}	VA←EOC	0.12^{***}	4.73	是	支持
H_{7b}	FP←VP	0.38^{***}	4.59	是	支持
H_{7a}	MP←VP	0.33^{***}	3.18	是	支持
H_{7d}	FP←VC	0.42^{***}	2.62	是	支持
H_{7c}	MP←VC	0.29^{**}	3.21	是	支持
H_{7f}	FP←VA	0.16^{**}	2.33	是	支持
H_{7e}	MP←VA	0.34^{**}	2.67	是	支持
H_{11}	VC←VP	0.27^{**}	2.77	是	支持
H_{12}	VA←VP	0.19^{**}	2.45	是	支持

注：***P<0.001；**P<0.01。

4)模型拟合结果的比较

模型 M1 为本书的初始结构模型，模型 M2 和模型 M3 分别对初始模型进行了修正。

根据前面分析，模型 M2 删除了模型 M1 中的不显著路径，模型 M3 删除了模型 M2 中的不显著路径并增加了商业模式三个维度间的作用关系，且三个模型都达到模型拟合的基本要求。表 4.29 对三者进行比较，确定研究的最优拟合模型。

表 4.29　三个模型拟合结果的比较

指标	初始模型 M1	模型 M2	模型 M3
χ^2	1865.31	1851.15	1790.32
df	641	645	644
χ^2/df	2.91	2.87	2.78
GFI	0.84	0.86	0.89
AGFI	0.82	0.84	0.87
NFI	0.91	0.92	0.92
IFI	0.93	0.93	0.93
CFI	0.91	0.91	0.92
RMSEA	0.068	0.067	0.067
RMR	0.023	0.025	0.024
AIC	1034.267	1028.531	1028.349
CAIC	2322.372	2316.450	2316.121
PNFI	0.673	0.677	0.675
PGFI	0.642	0.645	0.644

拟合模型的评价需要考察理论模型与真实模型间的误差，即研究模型是否能准确反映变量间的关系，但有时模型关系复杂会导致研究模型难以应用。侯杰泰等(2004)认为一个好的模型应该尽可能准确且相对简洁，若一个模型中的简化关系能够相当准确地描述原有的复杂关系，则该模型是一个既简单又准确的好模型。因此，在前面拟合指标基础上，新增加了信息标准指标 AIC 和 CAIC，以及简约拟合指标 PNFI 和 PGFI。信息标准指标 AIC 和 CAIC 越小越好，说明模型越简单，应用中会更有效；简约拟合指标 PNFI 和 PGFI 正好相反，其结果越大越好，说明模型越简单。

通过表 4.29 的比较，χ^2/df 指标结果显示三个模型相比较，模型 M3 拟合误差最小，而初始模型 M1 的拟合误差最大，说明模型 M3 的拟合精度最高。信息标准指标评价指标 AIC 结果显示，模型 M3 和 M2 要比初始模型 M1 更简洁，模型 M2 与模型 M3 在模型复杂性上近似，综合拟合误差和间接性两方面指标，模型 M3 最优。

表 4.30 对研究假设进行了总结，原假设模型中的 26 个假设有 22 个得到支持，

4 个假设由于没有达到显著性水平，没有得到支持；同时在模型改进过程中，增加了两条路径，使得原有模型更趋合理。

表 4.30 研究假设总结

编号	假设描述	检验结果
H_{1a}	项目任务复杂性对价值主张有显著正向影响	支持
H_{1b}	项目任务复杂性对价值创造与传递有显著正向影响	支持
H_{1c}	项目任务复杂性对价值获取有显著正向影响	不支持
H_{2a}	项目任务相似性对价值主张有显著正向影响	支持
H_{2b}	项目任务相似性对价值创造与传递有显著正向影响	支持
H_{2c}	项目任务相似性对价值获取有显著正向影响	不支持
H_{3a}	企业战略导向对价值主张有显著正向影响	支持
H_{3b}	企业战略导向对价值创造与传递有显著正向影响	支持
H_{3c}	企业战略导向对价值获取有显著正向影响	支持
H_{4a}	企业组织结构对价值主张有显著正向影响	不支持
H_{4b}	企业组织结构对价值创造与传递有显著正向影响	支持
H_{4c}	企业组织结构对价值获取有显著正向影响	支持
H_{5a}	项目商务网络对价值主张有显著正向影响	不支持
H_{5b}	项目商务网络对价值创造与传递有显著正向影响	支持
H_{5c}	项目商务网络对价值获取有显著正向影响	支持
H_{6a}	外部环境对价值主张有显著影响	支持
H_{6b}	外部环境对价值创造与传递有显著影响	支持
H_{6c}	外部环境对价值获取有显著影响	支持
H_{7a}	价值主张对企业市场绩效有显著正向影响	支持
H_{7b}	价值主张对企业财务绩效有显著影响	支持
H_{7c}	价值创造与传递对企业市场绩效有显著正向影响	支持
H_{7d}	价值创造与传递对企业财务绩效有显著正向影响	支持
H_{7e}	价值获取对企业市场绩效有显著影响	支持
H_{7f}	价值获取对企业财务绩效有显著影响	支持
H_{11}	价值创造与传递对价值主张有显著正向影响	支持
H_{12}	价值创造与传递对价值获取有显著正向影响	支持

4.4 动态能力的调节作用实证模型检验

1. 相关分析

根据研究假设和分析结果，本书对模型中的商业模式、企业绩效和动态能力变量进行相关分析，结果见表 4.31。

相关分析结果表明，商业模式各维度与企业绩效、动态能力不同维度显著正相关，其中商业模式的三个维度中价值创造与传递和财务绩效相关系数最高，相关系数为 0.60，商业模式三个维度与企业绩效的相关系数都在 0.36 以上，因此商业模式、企业绩效和动态能力呈显著正相关，可以继续下一步的回归分析。为了进一步验证变量间的关系及其大小，需要对变量关系进行多元回归分析。

表 4.31　研究模型中变量的相关分析

	VP	VC	VA	FP	MP	CSO	CIR	COR
VP	1							
VC	0.53**	1						
VA	0.32**	0.57**	1					
FP	0.53**	0.60**	0.38**	1				
MP	0.41**	0.53**	0.36**	0.74**	1			
CSO	0.36**	0.64**	0.24**	0.62**	0.59**	1		
CIR	0.36**	0.64**	0.24**	0.83**	0.46**	0.52**	1	
COR	0.36**	0.64**	0.24**	0.91**	0.65**	0.45**	0.26**	1

注：**P<0.01。

2. 调节作用的回归分析

调节作用是指两个变量的关系受到另外一个变量影响，如在自变量 X 影响因变量 Y 之间的关系中变量 M 起到不同程度的影响，在变量 M 的一个程度上，变量 X 和 Y 两者的关系更为紧密；而在另一个程度上，两者的关系并不紧密，甚至在统计上没有任何关系；更有甚者，有可能出现在变量 M 的一个程度上是正向作用，而在另一个程度上却是反向作用。与中介变量不同的是，调节变量基本上与测量的变量处于同一个层面，因此调节变量很有可能本身也是解释因变量一部分变异情况的自变量。图 4.9 描述了变量 X 与 Y 的关系受到调节变量 M 的影响。

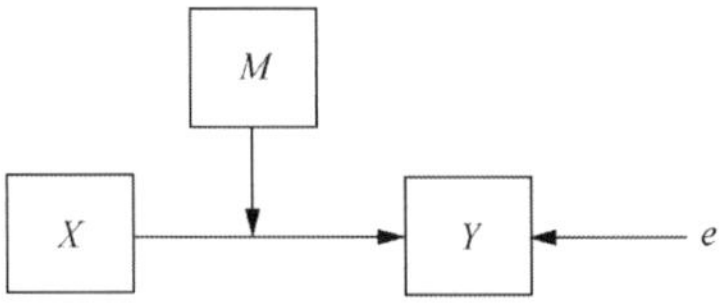

图 4.9　调节作用示意图

一般来说，如果变量 Y 与变量 X 的关系是变量 M 的函数，则称 M 为调节变量。也就是说，Y 与 X 的关系受到第三个变量 M 的影响。调节变量可以是定性的，也可以是定量的，它影响因变量和自变量之间关系的方向(正或负)和强弱。在做调节效应分析时，通常要将自变量和调节变量做中心化变换(即变量减去其均值)，当自变量和调节变量都是连续变量时，用带有乘积项的回归模型做层次回归分析来进行检验。第一步，做 Y 对 X 和 M 的回归，得测定系数 R^{12}。第二步，做 Y 对 X、M 和 XM 的回归得 R^{22}，若 R^{22} 显著高于 R^{12}，则调节效应显著；或者做 XM 的偏回归系数检验，若显著，则调节效应显著。

下面我们通过层次回归分析来检验动态能力如何通过影响商业模式对企业绩效的作用而间接影响企业绩效。首先，我们对动态能力和商业模式做中心化处理，研究中设计两组模型来检验动态能力的调节作用：模型 1 和模型 3 的自变量包含商业模式与动态能力，对应于层次回归分析的第一步；模型 2 和模型 4 的自变量包含商业模式、动态能力以及商业模式和动态能力的乘积项，对应于回归分析的第二步，通过比较模型 1 和模型 2 中 R^2 的变化来检验动态能力调节商业模式与市场绩效的作用；比较模型 3 和模型 4 中 R^2 的变化来检验动态能力调节商业模式与财务绩效的作用。

1)机会识别能力的调节作用检验

研究中使用 SPSS11.5 对机会识别能力的调节作用进行分析，如表 4.32～表 4.34 所示。

表 4.32 机会识别能力对价值创造与传递和企业绩效调节作用的回归分析

自变量	因变量：财务绩效		因变量：市场绩效	
	模型 1	模型 2	模型 3	模型 4
价值创造与传递	0.554***	0.645**	1.423***	1.719*
机会识别能力	0.365***	0.434**	0.324***	0.369**
价值创造与传递*机会识别能力		0.353		0.876
ΔR^2	0.313	0.001	0.367	0.035
R^2	0.311	0.312	0.367	0.402
F	17.567***	17.165***	17.478***	19.132***
调整后的 R^2	0.293	0.294	0.343	0.369

注：***P<0.001(双尾)；**P<0.01(双尾)；*P<0.05(双尾)，表中回归系数为非标准化回归系数。

由表 4.32 中回归结果可以看出，由模型 1 到模型 2，加入价值创造与传递和机会识别能力的乘积项之后，企业财务绩效的 R^2 基本没有变化，乘积项系数不显著，说明机会识别能力在价值创造和传递和企业财务绩效之间不具有调节作用，即本书的假设 H_{8d} 未通过检验；由模型 3 到模型 4，加入价值创造与传递和机会识别能力的乘积项之后，企业市场绩效的 R^2 增加了 0.035，乘积项的系数为正且显著，说明机会识别能力在价值创造与传递和企业市场绩效之间有调节作用，即本书的假设 H_{8c} 得到了证实。

表 4.33 机会识别能力对价值主张与企业绩效调节作用的回归分析

自变量	因变量：财务绩效		因变量：市场绩效	
	模型 1	模型 2	模型 3	模型 4
价值主张	1.388***	1.654**	1.545***	1.780**
机会识别能力	0.422***	0.410**	0.528***	0.441**
价值主张*机会识别能力		0.342*		0.519*
ΔR^2	0.390	0.018	0.485	0.073
R^2	0.392	0.410	0.485	0.558
F	15.175***	15.224***	17.654***	17.162***
调整后的 R^2	0.367	0.389	0.464	0.540

注：*** $P<0.001$（双尾）；**$P<0.01$（双尾）；*$P<0.05$（双尾），表中回归系数为非标准化回归系数。

由表 4.33 中回归结果看出，由模型 1 到模型 2，加入价值主张与机会识别能力的乘积项之后，企业财务绩效的 R^2 增加了 0.018，乘积项系数显著，说明机会识别能力在价值主张和企业财务绩效之间有调节作用，即本书的假设 H_{8b} 通过检验；由模型 3 到模型 4，加入价值主张与机会识别能力的乘积项之后，企业市场绩效的 R^2 增加了 0.073，乘积项的系数为正且显著，说明机会识别能力在价值主张和企业市场绩效之间有调节作用，即本书的假设 H_{8a} 得到了证实。

表 4.34 机会识别能力对价值获取与企业绩效调节作用的回归分析

自变量	因变量：财务绩效		因变量：市场绩效	
	模型 1	模型 2	模型 3	模型 4
价值获取	1.254***	1.218**	0.835***	0.819**
机会识别能力	0.522***	0.571**	0.336***	0.377**
价值获取*机会识别能力		0.728*		0.443
ΔR^2	0.409	0.056	0.335	0.004
R^2	0.409	0.465	0.335	0.339
F	17.121***	19.456***	22.134***	22.130***
调整后的 R^2	0.293	0.295	0.323	0.324

注：***$P<0.001$（双尾）；** $P<0.01$（双尾）；* $P<0.05$（双尾），表中回归系数为非标准化回归系数。

由表 4.34 中回归结果可以看出，由模型 1 到模型 2，加入价值获取与机会识别能力的乘积项之后，企业财务绩效的 R^2 增加 0.056，乘积项系数显著，说明机会识别能力在价值获取和企业财务绩效之间具有调节作用，即本书的假设 H_{8f} 通过检验；由模型 3 到模型 4，加入价值获取与机会识别能力的乘积项之后，企业市场绩效的 R^2 增加 0.004，乘积项的系数为正但不显著，说明机会识别能力在价值获取和企业市场绩效之间没有调节作用，即本书的假设 H_{8e} 未能得到证实。

2)资源整合能力的调节作用检验

同样使用 SPSS11.5 对资源整合能力的调节作用进行分析，如表 4.35～表 4.37 所示。

表 4.35 资源整合能力对价值创造与传递和企业绩效调节作用的回归分析

自变量	因变量：财务绩效		因变量：市场绩效	
	模型 1	模型 2	模型 3	模型 4
价值创造与传递	0.648***	0.702**	0.623***	0.795**
资源整合能力	0.843***	0.923**	0.741***	0.877**
价值创造与传递*资源整合能力		0.955*		0.964*
ΔR^2	0.634	0.085	0.549	0.069
R^2	0.634	0.719	0.549	0.618
F	17.212***	18.823***	17.654***	19.798***
调整后的 R^2	0.615	0.731	0.533	0.612

注：***P<0.001(双尾)；** P<0.01(双尾)；* P<0.05(双尾)，表中回归系数为非标准化回归系数。

由表 4.35 中回归结果可以看出，由模型 1 到模型 2，加入价值创造与传递和资源整合能力的乘积项之后，企业财务绩效的 R^2 增加 0.085，乘积项系数显著，说明资源整合能力在价值创造与传递和企业财务绩效之间具有显著调节作用，即本书的假设 H_{9d} 通过检验；由模型 3 到模型 4，加入价值创造与传递和资源整合能力的乘积项之后，企业市场绩效的 R^2 增加 0.069，乘积项的系数显著，说明资源整合能力在价值创造与传递和企业市场绩效之间具有显著调节作用，即本书的假设 H_{9c} 得到证实。

表 4.36 资源整合能力对价值主张与企业绩效调节作用的回归分析

自变量	因变量：财务绩效		因变量：市场绩效	
	模型 1	模型 2	模型 3	模型 4
价值主张	1.421***	1.698**	1.547***	1.776**
资源整合能力	0.434***	0.403**	0.512***	0.423**
价值主张*资源整合能力		0.354*		0.511*
ΔR^2	0.387	0.020	0.486	0.076
R^2	0.387	0.407	0.486	0.562
F	25.213***	21.234***	27.676***	29.124***
调整后的 R^2	0.376	0.392	0.466	0.542

注：***P<0.001(双尾)；**P<0.01(双尾)；*P<0.05(双尾)，表中回归系数为非标准化回归系数。

由表 4.36 回归结果可以看出，由模型 1 到模型 2，加入价值主张与资源整合能力的乘积项之后，企业财务绩效的 R^2 增加 0.02，乘积项系数显著，说明资源整合能力在价值主张与企业财务绩效之间具有调节作用，即本书的假设 H_{9b} 通过检验；由模型 3 到模型 4，加入价值主张与资源整合能力的乘积项之后，企业市场绩效的 R^2 增加 0.076，乘积项的系数显著，说明资源整合能力在价值主张与企业市场绩效之间具有显著调节作用，即本书的假设 H_{9a} 得到证实。

表 4.37　资源整合能力对价值获取与企业绩效调节作用的回归分析

自变量	因变量：财务绩效		因变量：市场绩效	
	模型 1	模型 2	模型 3	模型 4
价值获取	1.009***	1.142**	0.841***	0.824**
资源整合能力	0.523***	0.665**	0.414***	0.428**
价值获取*资源整合能力		0.842*		0.650*
ΔR^2	0.414	0.031	0.357	0.037
R^2	0.414	0.445	0.357	0.394
F	20.765***	21.768***	19.786***	20.980***
调整后的 R^2	0.382	0.423	0.323	0.386

注：***P<0.001(双尾)；** P<0.01(双尾)；* P<0.05(双尾)，表中回归系数为非标准化回归系数。

由表 4.37 回归结果可以看出，由模型 1 到模型 2，加入价值获取与资源整合能力的乘积项之后，企业财务绩效的 R^2 增加 0.031，乘积项系数显著，说明资源整合能力在价值获取和企业财务绩效之间具有调节作用，即本书的假设 H_{9f} 通过检验；由模型 3 到模型 4，加入价值获取与资源整合能力的乘积项之后，企业市场绩效的 R^2 增加 0.037，乘积项的系数显著，说明资源整合能力在价值获取和企业市场绩效之间具有显著调节作用，即本书的假设 H_{9e} 得到证实。

3) 重构能力的调节作用检验

同样使用 SPSS11.5 对重构能力的调节作用进行分析，如表 4.38～表 4.40 所示。

表 4.38　重构能力对价值创造与传递和企业绩效调节作用的回归分析

自变量	因变量：财务绩效		因变量：市场绩效	
	模型 1	模型 2	模型 3	模型 4
价值创造与传递	0.763***	0.896**	1.512***	1.787**
重构能力	0.521***	0.632**	0.443***	0.456**
价值创造与传递*重构能力		0.488**		0.465**
ΔR^2	0.443	0.160	0.424	0.078
R^2	0.443	0.603	0.424	0.502
F	23.569***	24.654***	23.960***	25.477***
调整后的 R^2	0.438	0.562	0.398	0.489

注：***P<0.001(双尾)；**P<0.01(双尾)；*P<0.05(双尾)，表中回归系数为非标准化回归系数。

由表 4.38 回归结果可以看出，由模型 1 到模型 2，加入价值创造与传递和重构能力的乘积项后，企业财务绩效的 R^2 增加 0.016，乘积项系数显著，说明重构能力在价值创造与传递和企业财务绩效之间具有调节作用，即本书的假设 H_{10d} 通过检验；由模型 3 到模型 4，加入价值创造与传递与重构能力的乘积项之后，企业市场绩效的 R^2 增加 0.078，乘积项的系数显著，说明重构能力在价值创造与传递和企业市场绩效之间具有显著调节作用，即本书的假设 H_{10c} 得到证实。

表 4.39 重构能力对价值主张与企业绩效调节作用的回归分析

自变量	因变量：财务绩效		因变量：市场绩效	
	模型 1	模型 2	模型 3	模型 4
价值主张	0.776***	0.698**	0.623***	0.776**
重构能力	0.367***	0.389**	0.545***	0.476**
价值主张*重构能力		0.578*		0.487*
ΔR^2	0.423	0.015	0.380	0.025
R^2	0.423	0.438	0.380	0.405
F	25.183***	21.235***	13.622***	14.524***
调整后的 R^2	0.374	0.388	0.352	0.387

注：***P<0.001(双尾；**P<0.01(双尾)；*P<0.05(双尾)，表中回归系数为非标准化回归系数。

由表 4.39 回归结果可以看出，由模型 1 到模型 2，加入价值主张与重构能力的乘积项之后，企业财务绩效的 R^2 增加 0.015，乘积项系数显著，说明重构能力在价值主张和企业财务绩效之间具有调节作用，即本书的假设 H_{10b} 通过检验；由模型 3 到模型 4，加入价值主张与重构能力的乘积项之后，企业市场绩效的 R^2 增加 0.025，乘积项的系数显著，说明重构能力在价值主张和企业市场绩效之间具有显著调节作用，即本书的假设 H_{10a} 得到证实。

表 4.40 重构能力对价值获取与企业绩效调节作用的回归分析

自变量	因变量：财务绩效		因变量：市场绩效	
	模型 1	模型 2	模型 3	模型 4
价值获取	0.654***	0.676**	0.783***	0.834**
重构能力	0.434***	0.454**	0.387***	0.399**
价值获取*重构能力		0.245		0.476*
ΔR^2	0.343	0.003	0.340	0.018
R^2	0.343	0.346	0.340	0.358
F	22.112***	21.434***	22.817***	23.454***
调整后的 R^2	0.302	0.332	0.345	0.354

注：***P<0.001(双尾)；**P<0.01(双尾)；*P<0.05(双尾)，表中回归系数为非标准化回归系数。

由表 4.40 回归结果可以看出，由模型 1 到模型 2，加入价值获取与重构能力的乘积项之后，企业财务绩效的 R^2 增加 0.003，乘积项系数不显著，说明重构能力在价值获取和企业财务绩效之间不具有调节作用，即本书的假设 H_{10f} 没有通过检验；由模型 3 到模型 4，加入价值获取与重构能力的乘积项之后，企业市场绩效的 R^2 增加 0.018，乘积项的系数显著，说明重构能力在价值获取和企业市场绩效之间具有显著调节作用，即本书的假设 H_{10e} 得到证实。

经上述分析，将本章所提出的假设检验结果进行汇总，如表 4.41 所示。

表 4.41 研究假设总结

编号	假设描述	是否支持假设
H_{8a}	机会识别能力正向调节价值主张与市场绩效之间的关系	是
H_{8b}	机会识别能力正向调节价值主张与财务绩效之间的关系	是
H_{8c}	机会识别能力正向调节价值创造与传递和市场绩效之间的关系	是
H_{8d}	机会识别能力正向调节价值创造与传递和财务绩效之间的关系	否
H_{8e}	机会识别能力正向调节价值获取与市场绩效之间的关系	否
H_{8f}	机会识别能力正向调节价值获取与财务绩效之间的关系	是
H_{9a}	资源整合能力正向调节价值主张与市场绩效之间的关系	是
H_{9b}	资源整合能力正向调节价值主张与财务绩效之间的关系	是
H_{9c}	资源整合能力正向调节价值创造与传递和市场绩效之间的关系	是
H_{9d}	资源整合能力正向调节价值创造与传递和财务绩效之间的关系	是
H_{9e}	资源整合能力正向调节价值获取与市场绩效之间关系	是
H_{9f}	资源整合能力正向调节价值获取与财务绩效之间关系	是
H_{10a}	重构能力正向调节价值主张与市场绩效之间的关系	是
H_{10b}	重构能力正向调节价值主张与财务绩效之间的关系	是
H_{10c}	重构能力正向调节价值创造与传递和市场绩效之间的关系	是
H_{10d}	重构能力正向调节价值创造与传递和财务绩效之间的关系	是
H_{10e}	重构能力正向调节价值获取与市场绩效之间的关系	是
H_{10f}	重构能力正向调节价值获取与财务绩效之间的关系	否

模型中的 18 个假设有 3 个未通过检验，其余 15 个假设得到支持。对于未通过检验的 3 个假设分析如下：

(1) H_{8d}：机会识别能力正向调节价值创造与传递和财务绩效之间的关系没有通过检验。

(2) H_{8e}：机会识别能力正向调节价值获取与市场绩效之间的关系没有通过检验。

机会识别能力能够帮助企业识别外部环境变化带来的各种项目机会，为企业获取稀缺资源创造渠道。企业价值创造与传递的实现对企业财务绩效具有直接影响，价值创造与传递不仅可以为客户创造价廉物美的商品，提供便捷周到的服务保证，还是企业赢得客户满意，扩大市场份额的基础。现实中，机会识别能力强的企业，往往能够及时提供客户需要但竞争对手尚未注意到的产品或服务，开拓新的市场空间，从而为企业发展创造新的机遇。而机会识别能力弱的企业只能追随市场主流企业，很难在产品/服务上进行创新。机会识别能力虽然能够促进企业扩大市场，但市场份额的增加，尤其是满足特定客户需求所开发的新项目，由于项目任务复杂性高，企业又没有做过类似项目，并不能立即为企业带来可观的经济效益，有时候在项目初期企业还需要增加投资，因此，机会识别能力正向调节价值创造与传递和财务绩效之间的关系没有通过检验。

另外，机会识别能力为企业获取资源提供了更广阔的渠道，企业可以通过建立协作联盟，获取自身没有的物质、技术和人才，保证企业价值创造与传递的实现。但现实中，企业价值获取对市场绩效的影响更多地体现在建立合作供应网络，需要企业与合作企业间建立可靠的、稳定的合作关系，以保障项目企业能够及时高效地为客户提供产品或服务。机会识别能力对于新兴市场作用明显，但对于成熟产品的市场绩效影响不大，更多的是侧重于通过项目间或项目内协作降低成本。因此，机会识别能力对价值获取与市场绩效间的调节作用没有得到支持。

(3) H_{10f}：重构能力正向调节价值获取与财务绩效之间的关系没有通过检验。

重构能力强调对企业内外组织结构和流程的变革，重新进行资源配置，调整项目组合结构。在调节价值获取和财物价值关系上，重构能力可以改善企业与合作伙伴间的联系，包括对产品和服务流程的再设计，企业供应网络的优化配置，进一步改善企业内外合作关系。但重构能力往往对企业组织结构变动较大，对于掌握核心资源的供应链主导企业来说可以进一步扩大竞争优势，获取更大的经济效益，但对于供应链非主导企业来讲，重构能力对价值获取与财务绩效的影响有限，这类企业在企业价值创造与传递和价值获取的重构上更愿意选择前者。因此，重构能力正向调节价值获取与财务绩效之间的关系没有通过检验。

第 5 章　项目导向型企业商业模式设计、实施与评价

研究项目导向型企业商业模式与企业绩效关系的目的，是揭示商业模式影响因素通过商业模式各个维度对企业绩效的作用机制，进而探索项目导向型企业商业模式设计与实施的理论依据，本章将在前面研究基础上，研究项目导向型企业商业模式设计、实施与评价的理论与方法。

5.1　项目导向型企业商业模式设计

5.1.1　商业模式设计原则

商业模式的本质是价值创造与价值获取，因此商业模式的设计要以价值为核心，通过对商业模式的构成要素进行设计，构建完整的价值发现、价值创造与传递、价值实现的逻辑体系。成功的商业模式应该回答一系列的问题，包括向哪些顾客提供价值？怎样为顾客提供价值？企业如何实现价值？商业模式的设计不仅要注重价值创造和价值获取的平衡，还要使商业模式适应企业内外部环境的变化，商业模式本身是动态的，要根据企业内外环境变化不断地进行调整和改进，从而实现企业价值最大化。根据前面对商业模式作用机制的研究，项目导向型企业商业模式设计过程中需要遵循以下基本原则。

1. 商业模式的灵魂在于价值创新

项目导向型企业商业模式三个维度中价值主张对价值创造与传递和价值获取具有重要影响，围绕项目任务特征，设计价值主张和价值创造与转化方案，能够为企业带来持续的经济效益，因此，价值创新对项目导向型企业来讲至关重要。项目作为客户价值的载体，具有唯一性，项目价值最大化是客户价值、企业价值、供应商价值实现的前提和基础，只有把蛋糕做大，大家才都能获得更多的利益，因此，商业模式设计的灵魂是价值创新。

2. 商业模式设计以客户为中心

项目导向型企业商业模式设计必须以客户为中心，由企业本位转向客户本位，由占领市场转向占领客户，为客户创造价值。通过细分市场，研究顾客需求的不同层次，从产品需求拓展到服务需求，把竞争的视角深入到为用户创造价值的层面，注重客户关系建设，增强客户实际体验，实施顾客导向战略，围绕客户需求

提供项目解决方案。

3. 商业模式设计以项目组织结构为基础

项目导向型企业商业模式设计要依托项目组织结构，包括企业内部项目团队及企业间的项目商务网络结构。在企业内部通过项目内、项目间协同配合，实现资源合理配置，高效率运作；在项目供应商之间开展协同合作，实现优势互补，有利于提高价值创造与传递的效率。商业模式建立在项目与项目、企业与企业之间构成的商务网络上，商业模式设计中要确定企业在价值网络中的定位，突出自身核心资源与关键流程的作用，在价值创造与实现过程中获取竞争优势。

4. 商业模式设计与企业战略相匹配

商业模式是企业战略与项目业务间的联系纽带，由于项目导向型企业实施多个项目，因此商业模式设计需要考虑不同项目对企业战略目标的作用，选择合理的项目组合结构，形成商业模式架构。同时，商业模式实施过程中会受到外部环境的影响，技术变革、客户需求、市场竞争等给项目实施带来风险，动态能力可以帮助企业及时调整商业模式，保持商业模式与企业战略的一致性。

5.1.2　商业模式建构过程

对于企业商业模式结构的设计及商业模式的建构过程，如果仔细分析各种商业模式，就会发现它们或多或少存在某些相似性，这些相似表明商业模式存在共性。通过对商业模式从产生到发展的过程做进一步的分析，寻找企业商业模式演变的规律。

1. 商业模式的创意

企业参与价值链活动的每个环节所创造的价值并不是均等的，实际上只有某些特定的价值活动才真正创造价值。企业要保持竞争优势，就要在价值链某些特定的环节上发挥特别的优势来创造新的价值。为此，项目导向型企业需要站在项目价值链的高度来考虑设计和创新商业模式。新的模式可能始于某项目产品性能或服务，但创意不能替代商业逻辑，创意必须发展为商业模式的实践架构，这个过程并不只是对成熟的商业模式进行微小的调整，而是以非传统的方式从根本上对模式进行重新思考，目标应是设计出全新的商业模式。

在实际企业经营过程中，很少有人会创造性和整体性地去思考设计商业模式，原因是很少有管理者能具体描述自己企业的现行的商业模式。通常情况下，项目导向型企业有多个项目实施，这样会有几个甚至十个不同的方案可供实施，而这些方案并不能全部生成商业模式，真正能够采纳的商业模式需要以客户价值为目标，结合企业战略及自身的核心资源与能力，把企业内外资源整合在一起，才能构建出高效、可持续的商业模式。

2. 商业模式的结构形成

由创意发展而来的模式必须构建新的结构体系，任何商业模式的创意和构想必须得到实践的检验。哈默尔认为，企业创造财富的机会和正在进行的模式创意及正在进行实验的模式组合成正比关系。模式结构的形成经历了一个从创意到结构建立的过程，由于存在多种模式的组合，进行模式创新的公司必须通过模式的结构设计和实验检验，才能将一个好的模式创意变为可以操作的结构和流程(陈玉锋，2008)。项目导向型企业商业模式结构设计要复杂得多，它涉及客户需求、供应商组织方式，利益相关者的价值分配、资源配置等等。作为企业最为重要的创新活动，商业模式的形成必须要通过五个基本阶段，如图 5.1 所示。

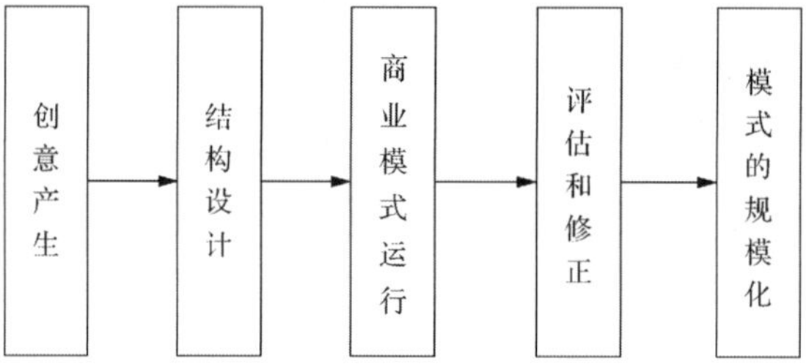

图 5.1　商业模式设计建构过程

一是创意产生，这是商业模式产生的基础，创意来源于技术进步、客户需求、市场竞争及企业家精神；

二是结构设计，把创意描述成一个有完整的经营理念、组织内外部结构和流程以及各部分如何进行配合的结构性蓝图，高效地实现价值创造与实现；

三是商业模式运行，在整合利用内外部资源，与供应商开展合作的基础上，以项目管理方式，为企业、顾客及其他利益相关者创造价值；

四是评估和修正，这是对商业模式的进一步完善，除根据商业模式运行的绩效来证明模式的可行性外，还需要证明模式是否具有持续的盈利能力和价值潜力；

五是模式的规模化，企业将经过结构验证和完善的模式发展成为企业主题商业模式。

3. 商业模式的发展演变

商业模式设计后并不是一成不变的，它是随着外部环境变化不断演变和发展的。企业所处的环境是不确定的，在演化过程中，新创商业模式获得的竞争优势将被企业进一步强化，保持商业模式结构的稳定性，为了防止竞争对手模仿，还要建立必要的壁垒，对抗其他竞争对手的挑战。同时，企业倾向于通过各种手段来创新现有的商业模式，由于内部化的种种优势，模式的内部化成为模式发展的主要路径。模式内部化一方面为顾客提供了更高的价值，另一方面，企业可以提高模式壁垒，进一步强化竞争优势。内部化使得原本处于无序组织要素可以进行重新整合，增强了企业组织内部要素与环境诸要素之间的匹配性，而系统锁定将这些组织要素和环境要素固化在一个价值网络内，使价值实现从直线平面变为立体网络，从而使模式主体企业获得更大范围的竞争优势。

5.1.3　价值视角的三维结构设计

商业模式设计是从客户需求出发，通过对企业外部环境和内部资源分析，明确企业的资源优势，形成核心能力，确定企业与市场的契合点。具体的商业模式设计方法可依托商业模式结构体系，基于价值视角分析，所以项目导向型企业商业模式分为三个维度：价值主张、价值创造与传递、价值获取，每个维度在三个维度上进行排列，不同的状态变量在三个维度坐标轴上的组合便构成了一个三维空间(图 5.2)，每个组合代表不同的商业模式，以此类推，便得到多种不同的商业模式，企业可根据自身实际运营状况进行筛选。

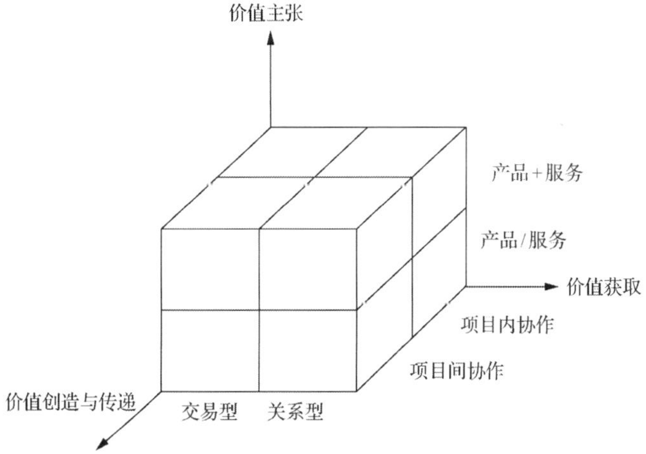

图 5.2　项目导向型企业商业模式设计维度

1. 价值主张设计

价值主张是企业商业模式的核心，因此价值主张的设计是整个企业商业模式设计的前提和基础，后续设计都要围绕着价值主张进行。项目导向型企业以项目形式为客户提供价值，项目价值表现为一定项目产品。在对项目产品的理解上，levitt(1980)提出了产品层次模型和整体产品概念，他指明产品几乎总是有形和无形要素的组合体，表明了产品构成要素形态。Kotler 和 Armstrong (2004) 认为，产品是能够提供给市场以满足需要和欲望的任何东西。这是一种广义的产品概念，即市场上的产品包括实体产品、服务、经验、事件、人、地点、财产、组织、信息等，表明了从市场需求端出发的产品具有的功能。

本研究简化了产品层次模型，用“产品/服务”和“产品+服务”两个状态变量来描述商业模式的价值主张维度。前一种情况为只向客户提供产品或者服务；而后者则以项目向客户提供产品和服务的整体，既包括产品又包括服务。例如，电力设备企业除了向客户提供电力设备，还负责安装、调试、维修等服务内容，将实体产品与服务打包交付给客户。

2. 价值创造与传递设计

价值创造与传递是企业商业模式的关键，决定了价值转换的效率，而项目协作是价值创造与传递的重要特征。一方面，项目内协作(项目供应链成员间协作)可以及时对客户需求做出反应，保障项目任务按照计划实施，项目供应链协作是项目目标实现的关键因素；另一方面，项目间协作能够帮助企业在同时进行或相继进行的各项目间进行资源配置，共享人员、设备、材料、渠道等企业资源，优化项目进度和质量，项目团队之间通过相互学习，提高项目团队成员的经验和技能，实现产品或工艺创新。

项目协作是项目导向型企业价值创造中的重要形式，本研究用“项目内协作”和“项目间协作”两个状态变量来描述价值创造与传递维度，见图 5.3。

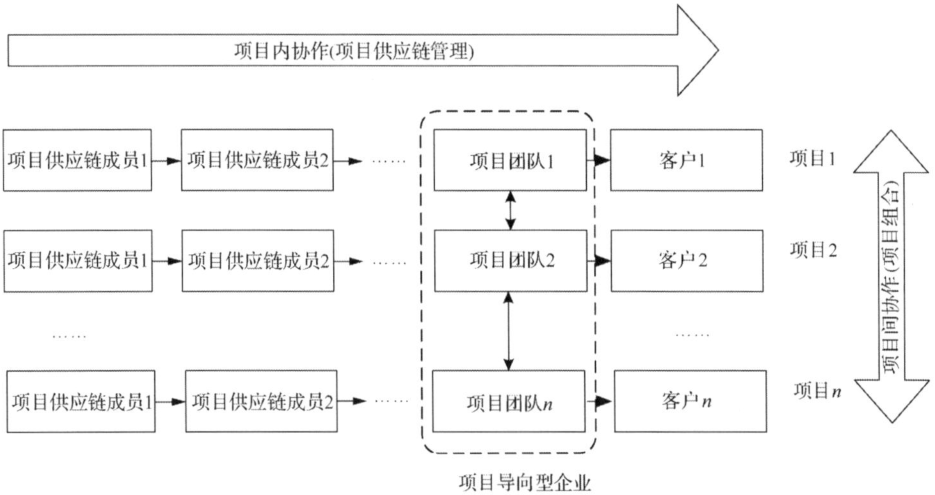

图 5.3　项目内外协作关系

3. 价值获取设计

价值获取决定了商业模式价值实现的方式，归结为盈利方式的设计。企业通过价值主张、价值创造与传递两个环节后，生产出产品、服务，需要面向市场向客户销售自己的产品和服务，让渡出产品和服务承载的价值，客户在获取产品服务价值，得到满足感后需要向企业支付相应的报酬，企业因此获得利润，进行下一轮的扩大再生产。

本书根据项目交付的特点，用“交易型”和“关系型”两个状态变量描述价值获取维度。交易型是指项目团队按照项目合同中的约定，完成了项目标的物，一次性交付给客户验收合格后，获取客户给付的项目收入；关系型指项目团队在项目生命周期内长期与客户保持紧密联系，为客户提供优质产品/服务，满足客户需要。关系型与交易型区别在于价值获取的方式是长期的、多次的，建立长期客户关系有利于企业及时发现产品/服务存在的问题，改进服务方式和内容，进而增加获利渠道。

通过上述分析，项目导向型企业商业模式三维度概念模型如图 5-2 所示。价值主张维度包括“产品/服务”和“产品+服务”两个状态，价值创造与传递维度包括“项目内协作”和“项目间协作”两个状态，价值获取维度包括“交易型”和“关系型”两个状态。

5.1.4　项目导向型企业商业模式分类

商业模式三维度概念模型反映了项目导向型企业的重要特征，是进行商业模式设计的依据。将不同维度的状态变量进行组合(2×2×2)，可以得到 8 种基本的商业模式类型。下面从项目特征角度分析不同商业模式的特点(表 5.1)：

第Ⅰ类商业模式：产品/服务+项目内协作+交易型

商业模式描述：项目团队与项目供应链其他成员密切合作，向客户一次性提供产品或服务。

项目任务特征：比较简单，相似程度低；

项目参与者特征：企业战略导向偏向技术导向，组织结构主要以项目团队为主，业务部门为辅，项目团队专业化程度较高，具有较强的项目资源配置能力，与供应商联系紧密，以项目供应链协作为主；

项目环境特征：技术变革快，市场需求变化大，竞争强度低。

第Ⅱ类商业模式：产品/服务+项目间协作+交易型

商业模式描述：项目团队与项目供应链其他成员和其他项目团队密切合作，向客户一次性提供产品或服务。

项目任务特征：比较简单，相似程度高。

项目参与者特征：企业战略导向偏向竞争导向，组织结构主要是项目团队和业务部门以及项目团队之间配合，项目团队专业化程度较高，具有较强的项目机会识别能力和资源配置能力，开展组织学习，与供应商联系紧密，注重项目供应链和项目间协作。

项目环境特征：技术变革慢，市场需求变化大，竞争强度高。

第Ⅲ类商业模式：(产品+服务)+项目内协作+交易型

商业模式描述：项目团队与项目供应链其他成员密切合作，向客户一次性提供(产品+服务)包。

项目任务特征：比较复杂，相似程度低。

项目参与者特征：企业战略导向偏向技术导向，组织结构主要是以项目团队为主，业务部门给予配合，项目团队专业化程度高，具有较强的资源配置能力和项目重构能力，与客户及供应商联系紧密，以项目供应链协作为主。

项目环境特征：技术变革快，市场需求变化大，竞争强度低。

第Ⅳ类商业模式：(产品+服务)+项目间协作+交易型

商业模式描述：项目团队与项目供应链其他成员和其他项目团队密切合作，向客户一次性提供产品+服务。

项目任务特征：比较复杂，相似程度高。

项目参与者特征：企业战略导向偏向竞争导向，组织结构主要是项目团队和业务部门相互配合，项目团队专业化程度较高，具有较强的项目机会识别能力、资源配置能力和项目重构能力，开展组织学习，与客户及供应商联系紧密，注重项目供应链和项目间协作。

项目环境特征：技术变革慢，市场需求变化大，竞争强度高。

第Ⅴ类商业模式：产品/服务+项目内协作+关系型

商业模式描述：项目团队与项目供应链其他成员密切合作，持续向客户提供产品或服务。

项目任务特征：比较简单，相似程度低。

项目参与者特征：企业战略导向偏向技术导向和顾客导向，组织结构主要是项目团队和业务部门相互配合，项目团队专业化程度较高，具有较强的项目机会识别能力、资源配置能力，与客户及供应商联系紧密。

项目环境特征：技术变革快，市场需求变化小，竞争强度高。

第Ⅵ类商业模式：产品/服务+项目间协作+关系型

商业模式描述：项目团队与项目供应链其他成员和其他项目团队密切合作，持续向客户提供产品或服务。

项目任务特征：比较简单，相似程度高。

项目参与者特征：企业战略导向偏向顾客导向和竞争导向，组织结构主要是项目团队和业务部门以及项目团队之间配合，项目团队专业化程度较高，具有较强的项目机会识别能力和资源配置能力，开展组织学习，与客户及供应商联系紧密。

项目环境特征：技术变革慢，市场需求变化小，竞争强度高。

第Ⅶ类商业模式：(产品+服务)+项目内协作+关系型

商业模式描述：项目团队与项目供应链其他成员和其他项目团队密切合作，持续向客户提供产品+服务。

项目任务特征：比较复杂，相似程度高。

项目参与者特征：企业战略导向偏向顾客导向，组织结构主要是项目团队和业务部门相互配合，项目团队专业化程度较高，具有较强的项目机会识别能力、资源配置能力，项目重构能力，与客户及供应商联系紧密。

项目环境特征：技术变革快，市场需求变化小，竞争强度高。

第Ⅷ类商业模式：(产品+服务)+项目间协作+关系型

商业模式描述：项目团队与项目供应链其他成员和其他项目团队密切合作，向客户一次性提供产品或服务。

项目任务特征：比较复杂，相似程度高。

项目参与者特征：企业战略导向偏向顾客导向和竞争导向，组织结构主要是项目团队和业务部门相互配合，项目团队专业化程度较高，具有较强的项目机会识别能力、资源配置能力和项目重构能力，开展组织学习，与客户及供应商联系紧密，注重项目供应链和项目间协作。

项目环境特征：技术变革慢，市场需求变化小，竞争强度高。

5.1.5　项目导向型企业商业模式设计主题

Amit 和 Zott(2007)提出商业模式设计包括四个主题：新颖、效率、互补和自锁。

1. 新颖型商业模式

新颖导向的商业模式设计的本质是采用开展经济活动的全新方式，或者是提供新的顾客价值主张，或者是与利益相关者之间建立新的连接方式，或者是设计新的激励与约束机制。

2. 效率型商业模式

效率导向的商业模式设计强调模仿而不是创新，其本质是降低交易成本、提高交易效率，可以通过减少不确定性、复杂性和信息不对称性，也可以通过减少协调成本和交易风险来实现。

表 5.1　项目导向型企业商业模式设计分类

商业模式类型	构成模块	项目任务特征	项目参与者特征	项目环境特征	商业模式设计主题	商业模式运作方式	商业模式评价基础
第Ⅰ类	产品/服务+项目内协作+交易型	比较简单，相似程度低	企业战略导向偏向技术导向，组织结构主要以项目团队为主，业务部门为辅，项目团队专业化程度较高，具有较强的项目资源配置能力，与供应商联系紧密，以项目供应链协作为主	技术变革快，市场需求变化大，竞争强度低	新颖型	项目管理	普通项目成功
第Ⅱ类	产品/服务+项目间协作+交易型	比较简单，相似程度高	企业战略导向偏向竞争导向，组织结构主要是项目团队和业务部门以及项目团队之间配合，项目团队专业化程度较高，具有较强的项目机会识别能力和资源配置能力，开展组织学习，与供应商联系紧密，注重项目供应链和项目间协作	技术变革慢，市场需求变化大，竞争强度高	效率型	项目组合	项目组合成功
第Ⅲ类	(产品+服务)+项目内协作+交易型	比较复杂，相似程度低	企业战略导向偏向技术导向，组织结构主要是以项目团队为主，业务部门给予配合，项目团队专业化程度高，具有较强的资源配置能力和项目重构能力，与客户及供应商联系紧密，以项目供应链协作为主	技术变革快，市场需求变化大，竞争强度低	互补型+新颖型	项目管理	普通项目成功
第Ⅳ类	(产品+服务)+项目间协作+交易型	比较复杂，相似程度高	企业战略导向偏向竞争导向，组织结构主要是项目团队和业务部门相互配合，项目团队专业化程度较高，具有较强的项目机会识别能力、资源配置能力和项目重构能力，开展组织学习，与客户及供应商联系紧密，注重项目供应链和项目间协作	技术变革慢，市场需求变化大，竞争强度高	互补型+效率型	项目组合	项目组合成功
第Ⅴ类	产品/服务+项目内协作+关系型	比较简单，相似程度低	企业战略导向偏向技术导向和顾客导向，组织结构主要是项目团队和业务部门相互配合，项目团队专业化程度较高，具有较强的项目机会识别能力、资源配置能力，与客户及供应商联系紧密	技术变革快，市场需求变化小，竞争强度高	新颖型+自锁型	项目管理	普通项目成功
第Ⅵ类	产品/服务+项目间协作+关系型	比较简单，相似程度高	企业战略导向偏向顾客导向和竞争导向，组织结构主要是项目团队和业务部门以及项目团队之间配合，项目团队专业化程度较高，具有较强的项目机会识别能力和资源配置能力，开展组织学习，与客户及供应商联系紧密	技术变革慢，市场需求变化小，竞争强度高	效率型+自锁型	项目组合	项目组合成功

续表

商业模式类型	构成模块	项目任务特征	项目参与者特征	项目环境特征	商业模式设计主题	商业模式运作方式	商业模式评价基础
第Ⅶ类	(产品+服务)+项目内协作+关系型	比较复杂，相似程度高	企业战略导向偏向顾客导向，组织结构主要是项目团队和业务部门相互配合，项目团队专业化程度较高，具有较强的项目机会识别能力、资源配置能力，项目重构能力，与客户及供应商联系紧密	技术变革快，市场需求变化小，竞争强度高	互补型+新颖型+自锁型	项目管理	普通项目成功
第Ⅷ类	(产品+服务)+项目间协作+关系型	比较复杂，相似程度高	企业战略导向偏向顾客导向和竞争导向，组织结构主要是项目团队和业务部门相互配合，项目团队专业化程度较高，具有较强的项目机会识别能力、资源配置能力和项目重构能力，开展组织学习，与客户及供应商联系紧密，注重项目供应链和项目间协作	技术变革慢，市场需求变化小，竞争强度高	互补型+效率型+自锁型	项目组合	项目组合成功

3. 互补型商业模式

互补指的是捆绑出售的一堆物品所提供的价值比单个商品分开卖的价值合起来要高，互补会通过提升收入来提升价值。互补的实现可以是提供纵向的互补，如售后服务，也可以是伙伴企业提供的横向的互补。

4. 自锁型商业模式

锁定是指企业的商业模式使得客户有动机参与重复交易，战略伙伴乐于保持合作关系或者提升合作关系等，这可以通过忠诚度计划，给重复购买的客户特定的奖励等途径来实现。

从上述分析看出，第Ⅰ、Ⅲ、Ⅴ、Ⅶ类商业模式属于新颖型，第Ⅱ、Ⅳ、Ⅵ、Ⅷ类商业模式属于效率型，第Ⅲ、Ⅳ、Ⅶ、Ⅷ类商业模式属于互补型，第Ⅴ、Ⅵ、Ⅶ、Ⅷ类商业模式属于自锁型。

5.2 项目导向型企业商业模式实施

商业模式设计构建了企业进行价值创造和价值实现的基本框架，反映了企业经营活动的静态结构，在商业模式实施过程中，还需要依据企业战略导向及内外环境变化及时进行调整。

5.2.1 项目导向型企业商业模式实施基本原则

1. 战略匹配原则

企业战略是对企业的长远谋划，主要内容是为企业的发展制定方向，而商业模式则是企业创造价值的内在逻辑，主要内容是如何具体的经营企业从而实现顾客和企业价值的最大化。商业模式不仅是连接战略和战术的一个虚拟层次，而且与战略之间存在着匹配关系(Amit and Zott，2008)。企业战略解决的是“外部适应”问题，商业模式解决的是“内部协调”问题(图 5.4)。因此，商业模式实施需要以企业战略相匹配，保证企业经营业务与战略导向的一致性。

2. 协同效应原则

协同效应主要表现为商业模式实施过程中，项目内和项目间重复工作减少，项目间知识、技术、市场、营销等方面的有形、无形资源的共享和协同。协同效益需要通过项目管理和项目组合管理对资源进行合理配置，发挥核心资源和关键流程的作用。

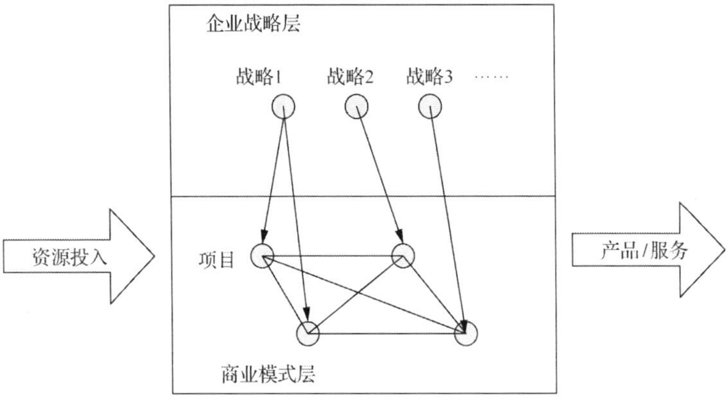

图 5.4　企业战略与商业模式的关系

3. 持续盈利原则

企业能否持续盈利是判断商业模式实施是否成功的唯一外在标准，也是企业价值创造与实现的体现，从经济学观点来看，持续盈利解决了增量资金再投入问题，保证商业模式能够循环进行，否则，商业模式难以持续。

4. 风险平衡原则

平衡性包括风险水平、长期短期效益、新技术应用等方面的平衡。商业模式实施既要保证价值流动产生增值，又要保证风险小，实现永续经营。因此，平衡性解决的是减少各种不确定性给企业带来的影响，最大化组织整体利益。

5.2.2　战略导向下的商业模式实施框架

项目导向型企业商业模式是企业战略与经营业务的纽带，所以商业模式的实施需要以企业战略为导向，并与企业战略保持一致性(曾玉成等，2010；曹涛等，2014)。战略导向下的商业模式实施框架如图 5.5 所示。

1. 战略导向下的价值主张形成阶段

该阶段是依据企业战略导向，结合所选项目任务要求，形成企业商业模式的价值主张。该阶段的主要任务是将战略目标进行分解，并与项目进行机结合，其流程见图 5.6。

1) 项目机会识别

根据市场需求调查和用户反馈信息，识别具有经济价值和战略一致性的项目，作为备选项目。

2) 项目定义和筛选

界定项目的基本任务和目标，按项目是否符合企业的总体战略和企业的资源是否能够负担得起此项目为标准进行选择。

3) 项目战略一致性和项目优先级

通过将战略目标进行分解，根据企业自身资源，确立优先级评估指标，如战略符合性、资源需求、技术可行性、风险-经济回报，市场竞争力及前景等，建立一套优先级评价标准，然后按照标准对项目优先级进行排序。

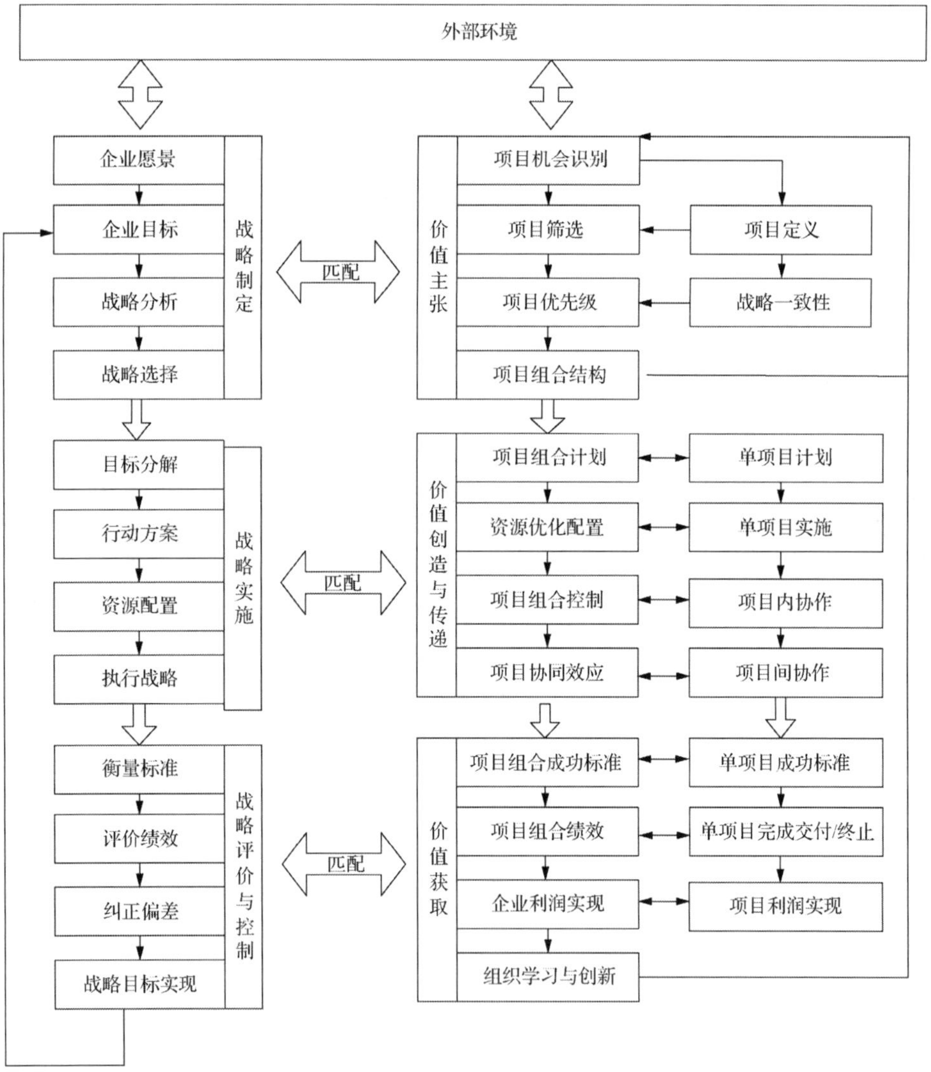

图 5.5　战略导向下的商业模式实施框架

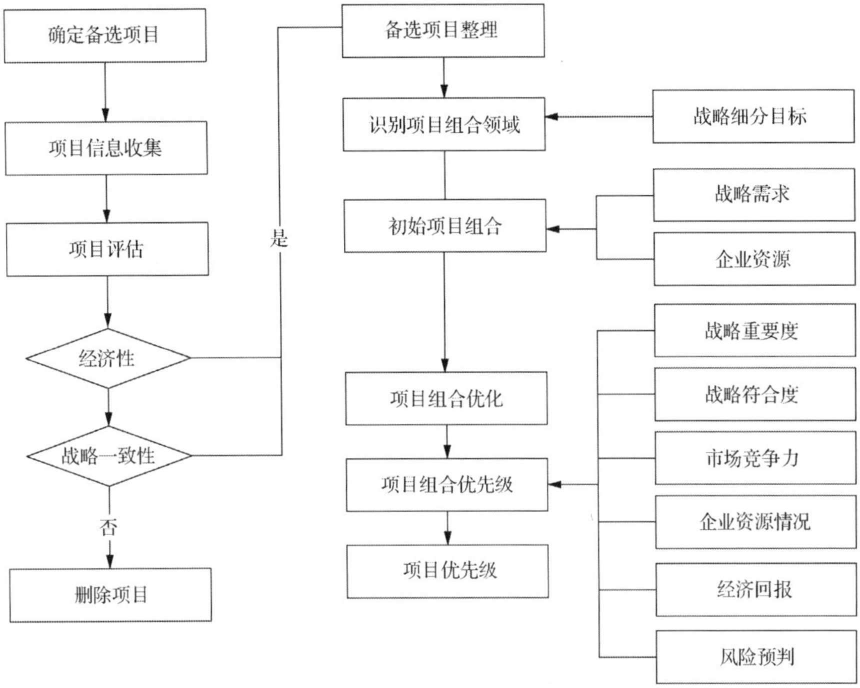

图 5.6　价值主张形成过程

4) 项目组合结构

在同一个优先级下面设计项目组合结构。首先确定企业子战略目标，将有相同子战略目标的分成一组为项目群；将不具有相同了战略目标，但具有工艺相同、类别相似、生命周期相似等指标划分为同组项目；将以上都达不到的作为单独项目。

2. 战略导向下的价值创造与传递阶段

价值创造与传递阶段主要是项目组合管理流程的计划和执行阶段。

项目组合计划包括项目组合计划、优先级排序和组合平衡工作，其流程图详见图 5.7。

1) 项目组合计划编制

主要内容是根据项目的分组来编制项目组合计划，企业还必须考虑企业的各种资源的约束，来安排企业的项目执行进度计划。

2) 项目组合计划评估

项目组合计划要从企业长期竞争优势、短期经济利益、企业可获得资源、项目风险高低进行评估。

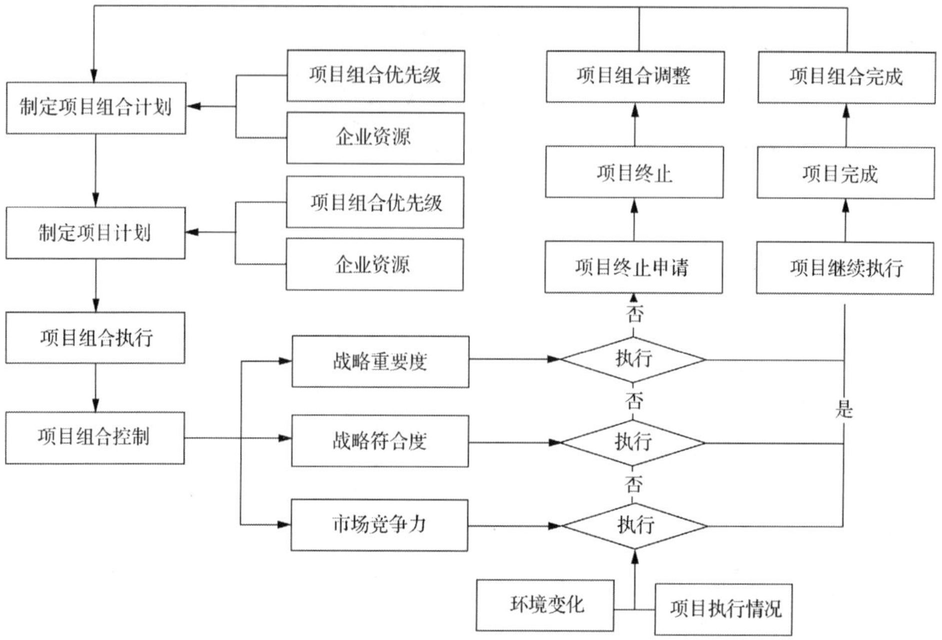

图 5.7　价值创造与传递阶段流程

3) 项目组合选择

从各种项目计划中选择最为合理的项目组合计划。

4) 项目优先级排序

优先级排序不是对单个项目的优先级排序，而是对组分好的项目群、成组项目等进行排序，以确定哪些项目先做，哪些后做。

5) 组合平衡优化

从企业的人力资源 、自有资金 、融资能力、技术能力、甚至在建项目等综合考虑，优化项目组合，提升资源利用率。

6) 项目组合执行阶段

主要任务是项目组合计划的实施、执行报告和组合执行评估工作。

(1) 项目组合计划实施。按照项目组合计划展开工作，这也是企业战略子目标落实到项目层面的相关体现。

(2) 项目组合执行报告。对项目组合管理执行过程进行监控，记录组合项目进展、管理过程、关键点、突发性事件等，做成报告，反馈给项目组合计划人员，以做出相应的调整。

(3) 项目组合执行过程评估。项目组合计划编制人员通过执行报告等评估项目组合的执行过程，不断优化组合计划。

(4) 项目组合完成。按照组合计划进行项目组合管理，直至完成项目组合范围内所有项目任务。

3. 战略导向下的价值获取阶段

该阶段依据单项目成功和项目组合成功标准，判断项目执行是否符合企业战略要求，如果不能为企业战略目标实现提供支撑，或者与企业现有资源配置不相符，则终止该项目执行，如果项目符合上述要求，则继续执行（图 5.8）。项目价值获取是以将项目成果交付给客户实现项目利润，企业价值获取是以项目组合成功为依据。

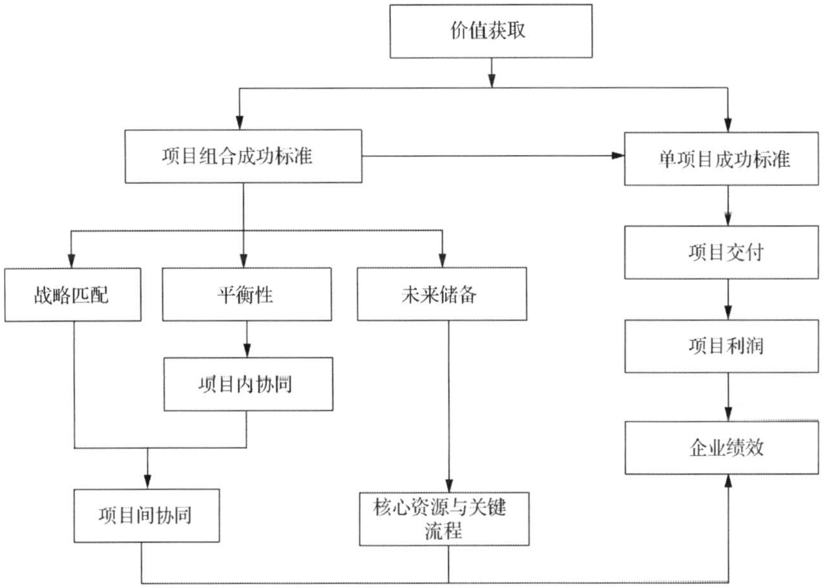

图 5.8　价值获取阶段流程

1) 单项目成功标准

单项目成功的普遍标准是：时间、成本、质量，被称为项目成功的“铁三角”，将供应商和利益相关者是否满意纳入衡量标准当中，建议将商品成功和满足项目所有者的要求作为衡量指标之一，提出将这三方面的评价标准扩展到顾客满意的层面。项目导向型企业一般将时间、成本、质量以及客户满意作为普遍的项目成功标准，具体来说可描述为，项目在计划的时间内完工，项目实际投资未超预算，项目质量完全达到设计的要求，项目满足需求等四方面。

2) 项目组合成功标准

项目组合成功包括：普通项目的成功、战略匹配、平衡性和未来储备。他认为普通项目的成功包括财务成功、预算质量和顾客满意的达成、协同作用的应用等方面；战略匹配包括资源的有效利用和项目对战略的体现程度；平衡性包括风险水平、长期短期效益、项目类型和新技术应用等方面的平衡；未来储备包括新市场的开辟、新技术的获得、品牌的树立和应对技术或市场变化的反应能力等方面。

3)企业绩效实现

项目交付是价值获取实现的前提，企业绩效是从企业战略视角出发，考察项目给企业带来的价值增值，因此除了传统意义上的财务绩效和市场绩效，还包括项目导向型企业拥有的核心资源与关键流程，项目带来的协同效益，这些长期绩效在项目完成后的很长时间能得以体现。

5.3 项目导向型企业商业模式评价

5.3.1 商业模式评价概述

商业模式评价是项目导向型企业商业模式研究的一个重要环节，建立一套科学的评价指标体系和量化方法，能有效地衡量商业模式实施结果，为企业商业模式创新决策提供依据。从现有研究来看，多是借用传统的绩效评估方法，如从销售额、利润、市场份额、专利数量、创新性、客户满意度、创新成本等来衡量。

国内外学者 Hamel(2000)从财富潜力的角度对商业模式进行评估，具体可以从效率、独特性、匹配性和盈利性四个方面来评价商业模式。

Gordijn 和 Akkermans(2001)认为，评估商业模式的关键在于分析不同参与主体之间价值流动的情况。因此，他们编制了一种利润/效用表，作为评估商业模式的工具。

Afuah 和 Tucci(2001)也是从盈利能力的角度来评价商业模式的潜力。也有人试着使其评估更为全面，李曼(2007)认为，商业模式创新是由运营方式和战略选择这两个方面决定的，借鉴平衡记分卡这个工具，构建商业模式的平衡记分卡评价指标体系，这个体系由商业模式战略目标、商业模式的运营效率、产品和服务客户价值以及商业模式财务价值等具有驱动关系的四大指标体系组成。

从现有研究来看，采用多指标、多维度来评价商业模式已经被广泛认可，本节借鉴传统平衡积分卡评价模型，提出项目导向型企业商业模式的评价指标体系。

5.3.2 项目导向型企业商业模式评价模型

1. 构建评价模型

平衡计分卡(图 5.9)在 1992 年由 Kaplan 与 Norton 提出，它综合了财务指标和非财务指标，以企业的远景和目标为核心，分别从财务、客户、内部流程以及学习与成长四个层面，可以对企业的经营业绩和竞争状况进行综合、全面和系统的评价。但传统平衡计分卡给出的评价指标都是按照一般企业设计的，这类指标在评价项目导向型企业商业模式中并不适用。本书从项目导向型企业商业模式构成要素入手，分析和构建商业模式的评价指标体系。

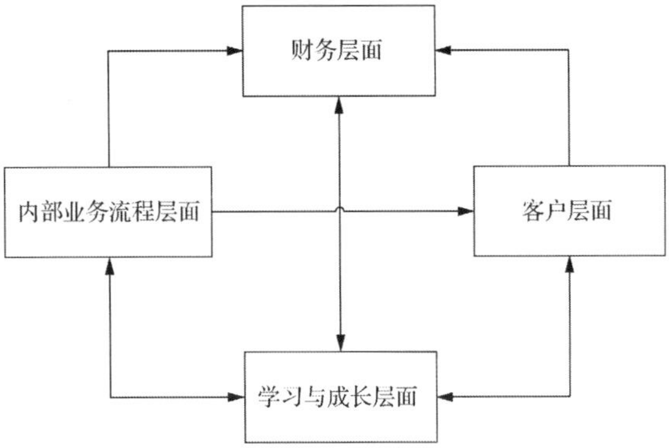

图5.9　平衡计分卡模型

2. 构建评价指标体系（表5.2）

1）客户层面

客户层面评价主要是反映在价值主张维度，商业模式的运营是以实现客户价值为前提的，企业不仅要具有识别客户潜在需求的能力，还要不断满足客户现实需求，保持客户满意并不断拓展市场份额。所以，客户层面的评价由以下指标组成：一是项目功能价值，用于衡量项目给客户带来的使用价值与功能成本的关系，即客户价值的大小；二是项目客户增长率，说明企业开发潜在客户需求的能力；三是客户满意度，反映客户对项目价值的认可程度；四是配套服务比例，体现企业为客户提供的服务深度和服务广度，也反映了项目组合结构；五是项目市场份额，说明了企业项目在市场中的地位，也在一定程度上代表了企业的竞争能力。

2）内部流程层面

内部流程在企业商业模式中占有重要地位，它主要体现在价值创造与传递模块中。企业通过高效率、高质量和低成本的完成项目目标，实现企业价值的增值。内部流程层面的指标包括：一是项目进度完成率，反映企业完成项目占承担项目总数的比例，是项目管理中的进度指标；二是项目质量优良率，以交检产品合格的比例来反映项目产品生产质量，是项目管理的质量指标；三是项目成本节省率，用以反映项目执行过程中通过项目协同，减少重复工作，从而带来的成本节约比例；四是生产能力利用率，能体现项目实施过程中对设备资源优化配置，实现资源共享的程度；五是客户需求响应时间，是指接到客户通知到为客户提供产品或服务的时间间隔，反映了项目供应链整体效率；六是项目间协同度，指不同项目间在人员、设备、材料、资金、渠道等方面通过协调控制，实现“1+1>2”的效果；七是项目供应商能力，反映项目供应网络的供货能力。

3) 财务层面

财务层面的核心是衡量企业的盈利水平，因此涉及了商业模式价值获取模块。具体指标包括：一是重复购买率，用以说明客户在首次购买产品或服务之后，再次购买的比例，重复购买率反映了客户对项目产品的满意程度；二是项目利润率，体现了项目的获利能力，也是企业实现财务绩效的基础，只有项目实现盈利，企业才能得到应得的利润；三是服务收入比例，这一指标说明了项目总收入中由服务提供的收入比例，体现出服务也可以转变成为新的利润增长点；四是创新投入费用比例，这个指标主要是针对企业为了长远发展，进行的专项投入，也影响到核心资源的与关键流程的水平；五是库存资金占用比例。体现流动资金在制造流通环节的效率。

表 5.2　商业模式评价指标体系

层面	评价指标	指标衡量方法
客户层面	项目功能价值	项目合同价/项目预算总成本
	客户增长率	新增订单数量/订单总数
	客户满意度	优、良、中、低、差(模糊评价)
	配套服务比例	提供配套服务项目数/总项目数量
	项目市场份额	年销售收入/年市场总容量
内部流程层面	项目进度完成率	项目完工工作量/项目总工作量
	项目质量优良率	一次交检合格数量/交检总量
	项目成本节省率	(预算总成本 – 实际成本)/预算总成本
	生产能力利用率	当前占用设备/设备总数
	客户需求响应时间	接到通知至及时供货时间
	项目间协同度	重复工作减少量/项目总工作量
	项目供应商能力	高、中、低(模糊评价)
财务层面	重复购买率	新增客户/客户总数
	项目利润率	项目净利润/项目总投入
	服务收入比例	配套服务业务收入/项目总收入
	创新投入费用比例	创新投入费用/销售收入
	库存资金占用比例	库存资金/流动资金总量
学习与成长层面	新增专利数量	企业年新增专利数量
	项目开发周期	项目投产时间 – 项目立项时间
	创新投入比例	年创新投入/年销售总收入
	员工满意度	优、良、中、低、差(模糊评价)
	科技人员比例	科技人员人数/企业总人数

4) 学习与成长层面

学习与成长层面要重点考察企业价值制造和价值维护方面的能力。具体指标包括：一是新增专利数量，即企业年平均新增专利数量；二是项目开发周期，以项目立项到新项目投产的平均周期来计算；三是创新投入比例，以每年创新投入费用同年销售收入的比值；四是员工满意度，以定性方法衡量；五是科技人员比例，用企业科技人员人数占企业总人数的比例来计算。

第 6 章　项目导向型企业商业模式系统动力学分析

前面研究中通过结构方程模型实证揭示了项目导向型企业商业模式影响因素通过商业模式三个维度对企业绩效的作用机制，分析了动态能力在商业模式和企业绩效之间关系的调节作用。然而，在实际情况中这些因素对商业模式及绩效的影响是否是稳定、影响形式是否可以预期？这就需要我们对修正的理论模型做进一步的实证分析。所以，本章将运用系统动力学理论对各因素对商业模式及企业绩效的影响趋势做仿真模拟分析，以动态的视角对最优模型进行考察，以便为提升项目导向型企业绩效水平提出合理的对策和建议。

6.1　系统动力分析的适用性

系统动力学方法是 1956 年由美国麻省理工学院的福瑞斯特(Forrester)教授提出的一种计算机仿真技术，是定性与定量方法相结合、结合系统综合推理方法进行分析的一种科学方法(王其藩，1992)。它基于系统论，吸收了控制论、信息论的精髓，通过建立各因素间复杂因果关系的动态模型，以计算机为工具进行仿真试验，获得所需信息来分析和研究系统的结果和动态行为，为正确进行科学决策提供可靠的依据。系统动力学方法可以用于系统的动态仿真，其突出优点是能有效分析具备多因素、复杂结构、高阶项、有时滞现象、非线性、多重反馈的复杂时变系统问题，目前已成功地应用于企业、城市、地区、国家甚至世界规模的许多战略与决策等分析中，被誉为“战略与决策实验室”。

项目导向型企业商业模式系统是由项目任务特征、项目参与者特征、项目环境特征、价值主张、价值创造与传递、价值获取和企业绩效等子系统组成，各子系统之间、各子系统与外部环境之间不断地进行着物质、能量和信息的交换，是一个开放的系统。企业绩效作为商业模式系统的行为结果要依赖各子系统的合理结构、协调发展以及对系统的有效调控，因而利用系统动力学方法对项目导向型企业商业模式系统进行研究是适用的。

本章在对商业模式系统进行系统分析的基础上，采用单因素和多因素分析方法，模拟仿真相关因素对企业绩效的影响效果，从系统动态演化角度来研究各因素对企业绩效的影响，对项目导向型企业提升企业绩效做进一步实证研究。

6.2　项目导向型企业商业模式与企业绩效关系 SD 模型构建

系统动力学的分析步骤一般为：设立建模目标、构筑模型的主要反馈环/因果关系图/流图、进行模拟有效性检验、模型的模拟。下面将运用系统动力学方法分析项目导向型企业商业模式系统中各子系统之间的关系，建立商业模式前因与企业绩效的动力学模型，并引入项目组合管理作为控制参数对系统进行调控，以期在各因素结构关系与作用趋势的系统动态研究中获得提高项目导向型企业绩效的优化方案，进而有针对性地提出利于提高企业绩效的合理政策建议。

6.2.1　系统动力学建模目标

本章将根据第 4 章研究得出的项目导向型企业商业模式与企业绩效关系的结构方程模型进行系统动力学建模(赵红梅，2010)，试图分析以下问题：

(1)不考虑对系统模型引入任何变量(即现实情况中不再采取任何政策调控或其他促进项目导向型企业商业模式的相关措施)的条件下，项目导向型企业商业模式设计的绩效水平的动态变化特征；

(2)分别引入反映项目任务特征、项目参与者特征和项目环境特征的六个商业模式外部影响因素，以及体现商业模式内部作为项目组合管理的四个变量(项目组合结构、资源配置、项目控制和组织学习)，考察它们对于商业模式系统影响，进而研究它们对企业绩效影响的动态变化特征；

(3)同时引入反映项目任务特征、项目参与者特征和项目环境特征六个影响因素和项目组合管理四个关键流程，考察在项目组合管理调控下上述六个影响因素对企业商业模式及企业绩效营销的动态变化特征。

6.2.2　系统动力学模型构建

本研究中系统模型构建的基本思想：项目导向型企业商业模式是一个复杂的社会经济系统，由相互联系和相互作用的内、外部要素组成，而各主要影响因素又构成相互独立的子系统，一个或多个子系统可能依次或同时发生变化并且共同作用，从而使子系统自身或其他子系统甚至整个系统的行为发生变化。

系统动力学可以深入研究系统模型及其信息反馈系统，进而揭示商业模式影响因素对系统中各要素的作用机制和反馈关系，帮助认识项目导向型企业进行商业模式设计的决策机制。结合本研究在第 4 章所提出的影响项目导向型企业商业模式设计的六个关键因素，即项目任务复杂性、项目任务相似性、企业战略导向、企业组织结构、项目商务网络、项目外部环境对商业模式及企业绩效的影响作用，采用系统动力学专用软件(Vensim PLE)构建项目导向型企业商业模式系统动力学模型，因果图见图 6.1，系统流图见图 6.2。

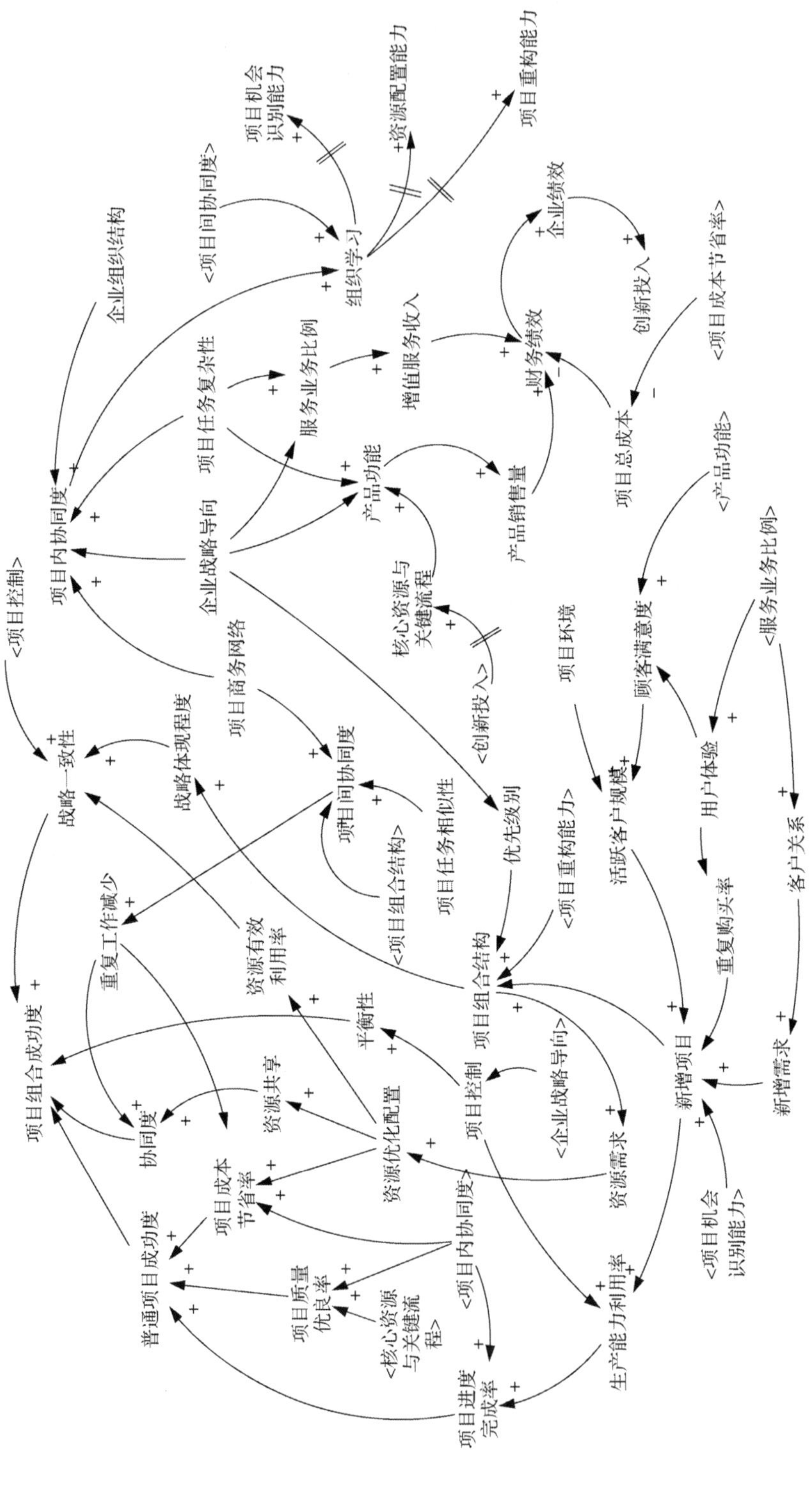

图6.1　项目导向型企业商业模式系统因果图

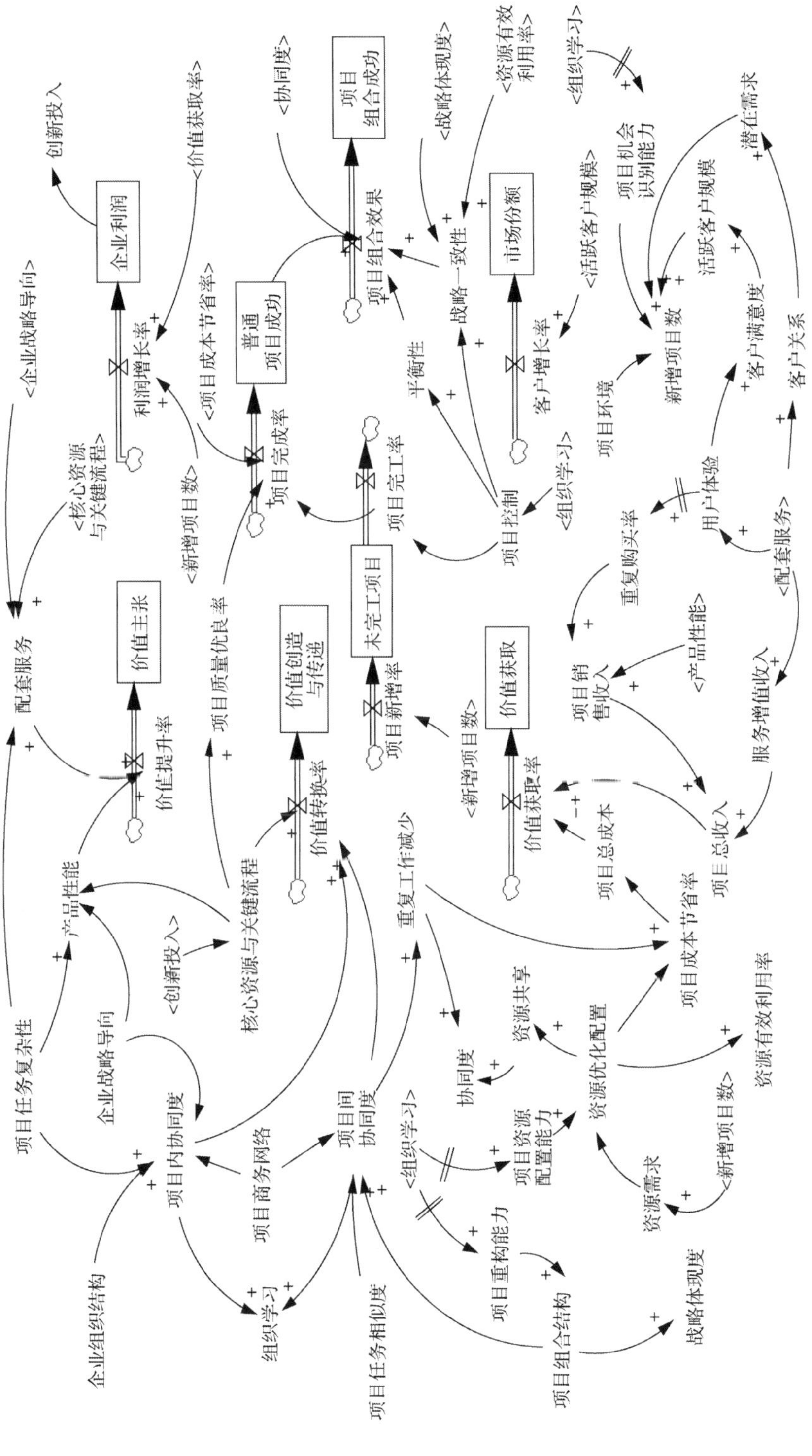

图6.2　项目导向型企业商业模式系统流图

6.3　项目导向型企业商业模式系统动力学仿真

系统仿真(system simulation)即根据系统分析的目的，在分析系统各要素性质及相互关系的基础上，建立能描述系统结构或行为过程的、具有一定逻辑关系或数量关系的仿真模型，据此进行试验或定量分析，以获得正确决策所需要的各种信息。系统动力学方法通过建立系统动力学模型(流图等)，使用 Vensim 等软件可以在计算机上实现对真实系统的仿真试验，从而研究系统结构、功能和行为之间的动态关系。

6.3.1　系统模型原因树分析

Vensim 软件中原因树(causes tree)工具可以分析影响项目导向型企业商业模式的有关变量，原因树分析是对于给定的具体变量，列举作用于其上的变量，然后对于这些变量再列举作用于其上的变量，依此类推，逐级反向追溯到出现给定变量本身一级为止。最末一级变量实际上是该子系统的边界，这些变量的外部作用决定了给定变量的变化。本研究模型的原因树分析结构如图 6.3～图 6.18 所示。

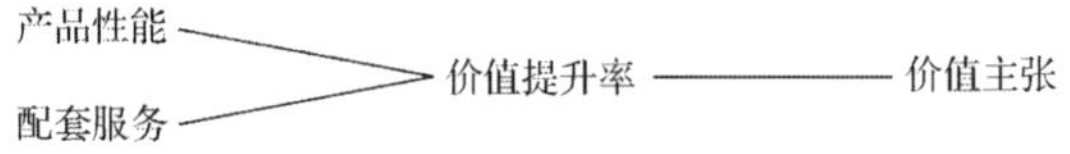

图 6.3　价值主张原因树分析

图 6.4　价值创造与传递原因树分析

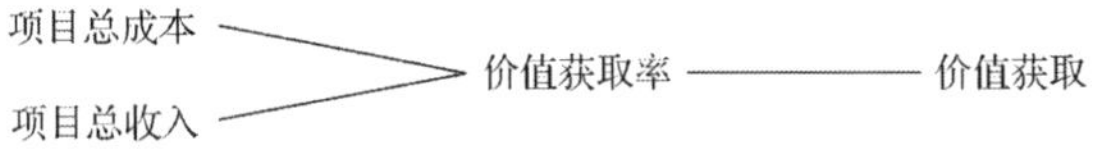

图 6.5　价值获取原因树分析

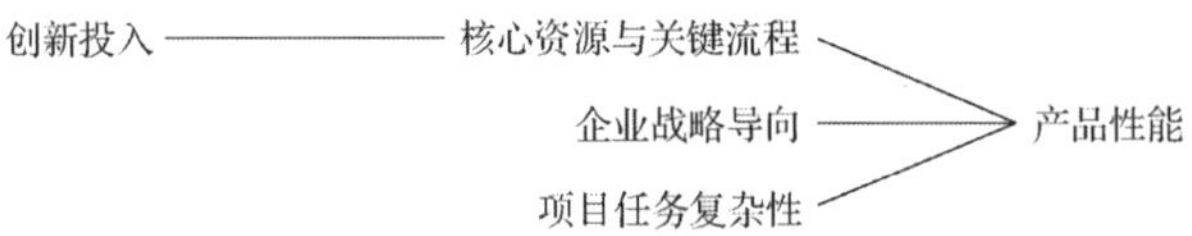

图 6.6　产品性能原因树分析

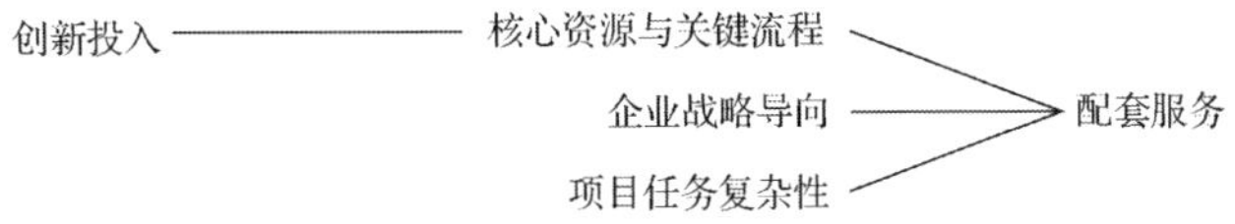

图 6.7　配套服务原因树分析

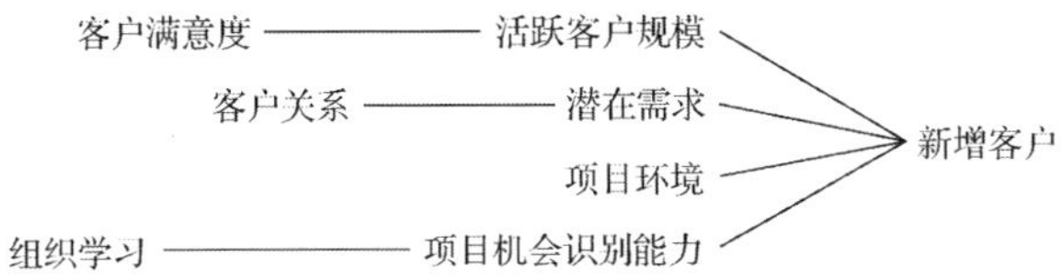

图 6.8　新增客户原因树分析

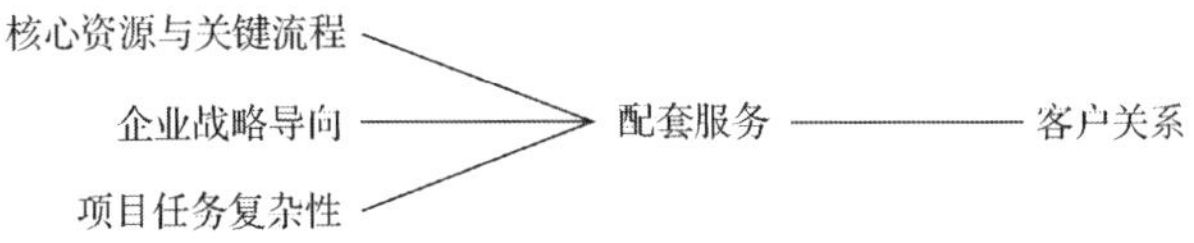

图 6.9　客户关系原因树分析

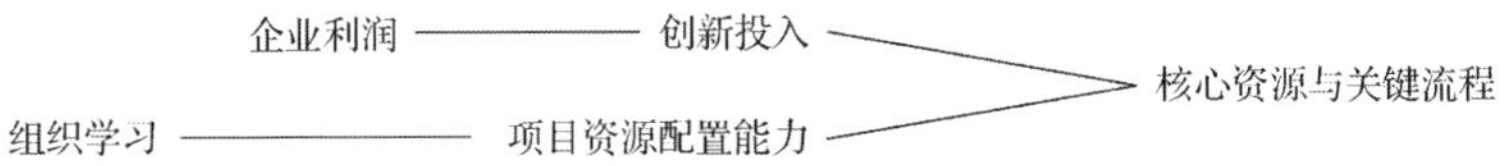

图 6.10　核心资源与关键流程原因树分析

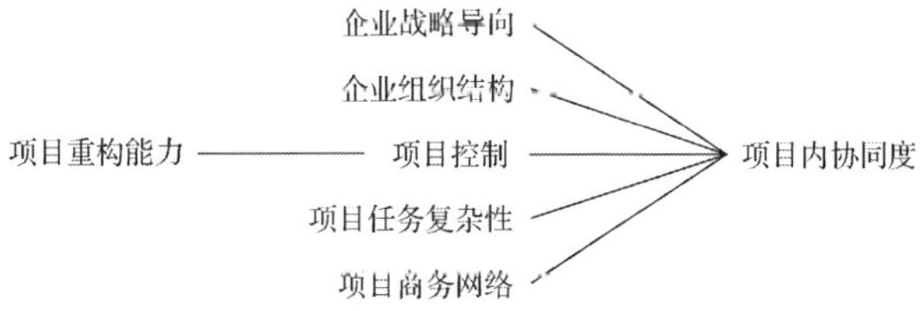

图 6.11　项目内协同度原因树分析

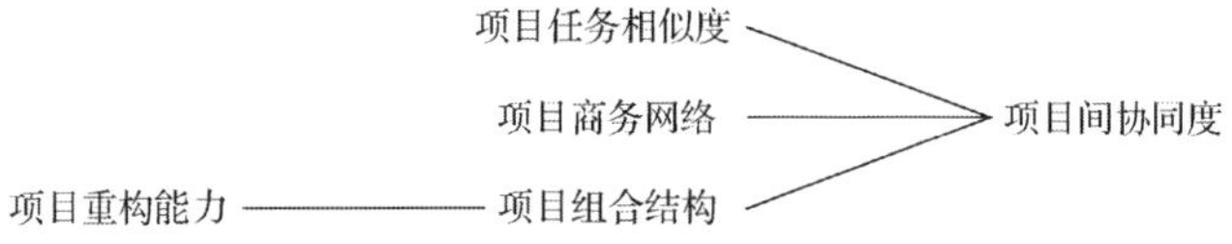

图 6.12　项目间协同度原因树分析

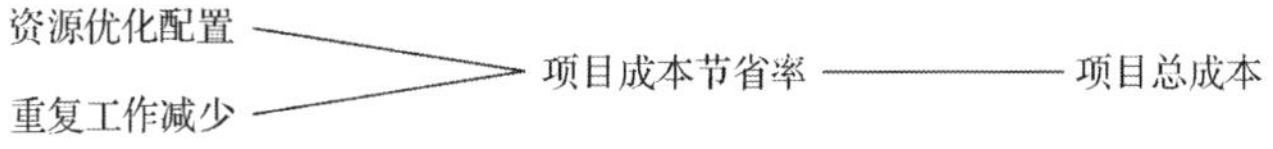

图 6.13　项目总成本原因树分析

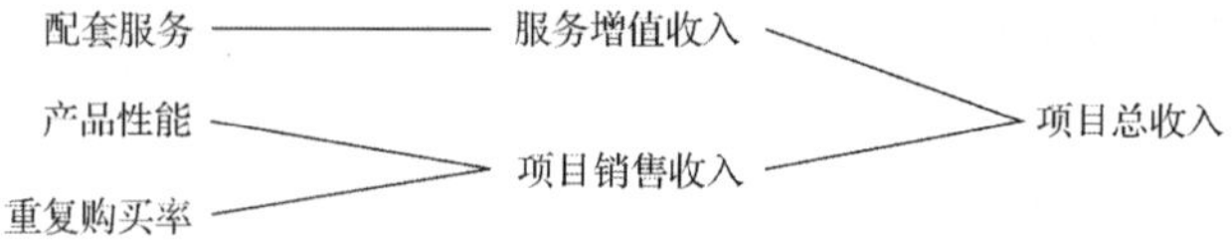

图 6.14　项目总收入原因树分析

图 6.15　普通项目成功原因树分析

图 6.16　项目组合成功原因树分析

图 6.17　企业利润原因树分析

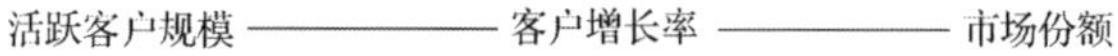

图 6.18　市场份额原因树分析

模型的原因树分析表示对于选定的变量，列举出其作用的变量，然后对于这些变量，再列举出其作用的变量，依次类推，逐级正向追溯，直到出现给定变量的一级为止。从而给定变量的原因树构成一个子系统，其最后一级的所有变量构成子系统的边界，表示指定变量对整个系统的最终作用。由于本模型涉及变量较多，故不再罗列具体分析结果。

6.3.2　项目导向型企业商业模式系统仿真模拟

本研究的主要变量初始值的基础是通过问卷调查得到的样本数据，根据经结构方程实证检验的最优模型，将问卷中的相关题项进行提炼，将其中得分大于 3 的题项数占总题项的比例设定为系统动力学模型中主要变量的初始值。结合项目导向型企业商业模式系统动力学模型，在分析各子系统相互关系及反馈的基础上，编写各子系统的主要方程式、变量类型及其初始值(见附录)。

根据当前项目导向型企业商业模式系统的初始值和给出的方程，对项目导向型企业绩效 2017 年 1 月至 2023 年 8 月期间 80 个月企业绩效变化进行模拟(仿真参数设置为：INITIAL TIME=0；FINAL TIME=80；TIME STEP=1；Units for Time=week)。仿真研究的主要结果如下：

1. 不考虑对系统模型引入任何变量，企业绩效的发展趋势(图 6.19 和图. 20)。

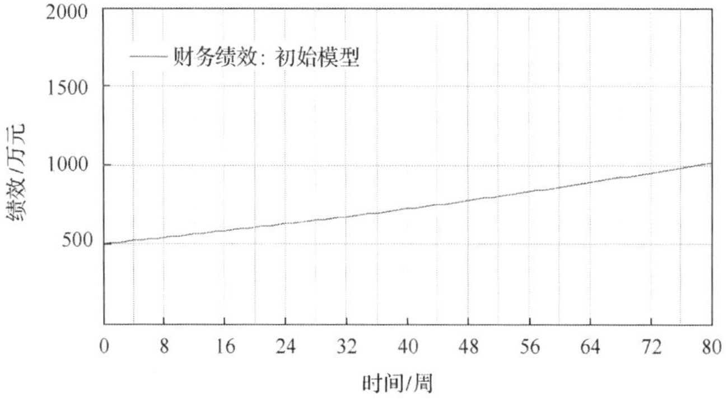

图 6.19　初始模型财务绩效变化趋势

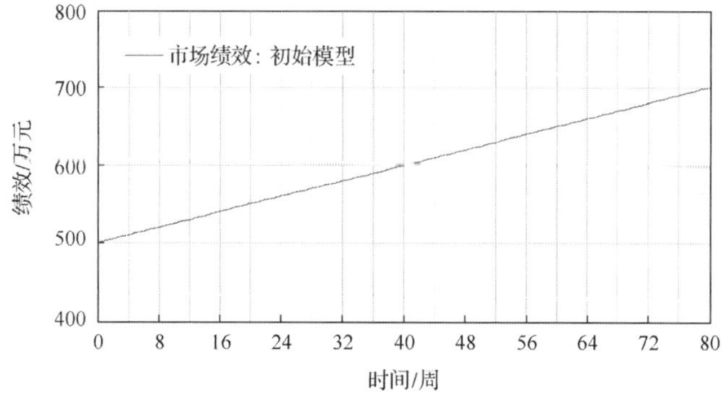

图 6.20　初始模型市场绩效变化趋势

2. 引入单变量后对企业绩效的影响

(1) 引入项目任务复杂性(PJC)后企业绩效的变化(图 6.21 和图 6.22)。

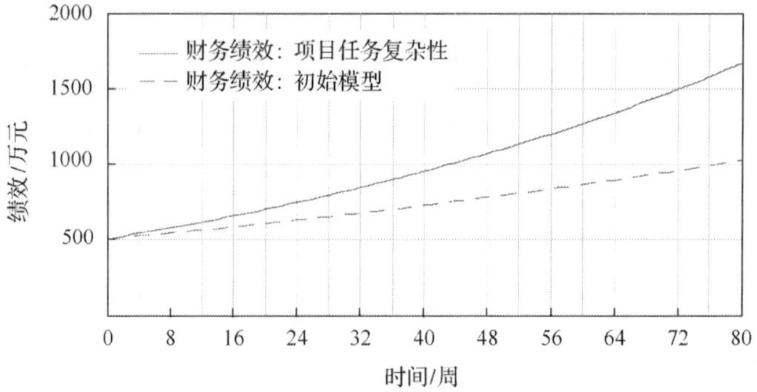

图 6.21　引入 PJC 后财务绩效变化

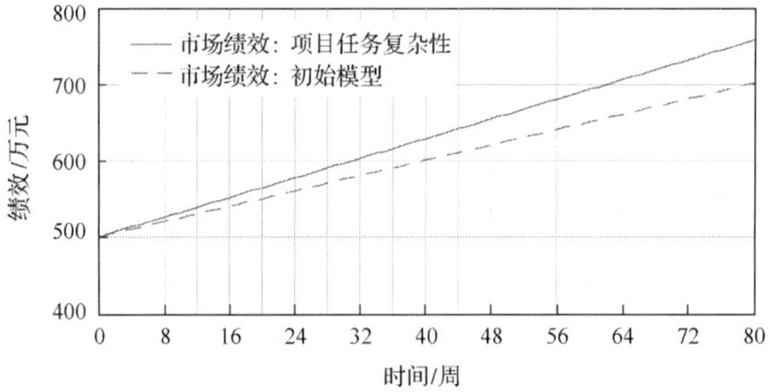

图 6.22　引入 PJC 后市场绩效变化

(2)引入项目任务相似性(PJS)后企业绩效的变化(图 6.23 和图 6.24)。

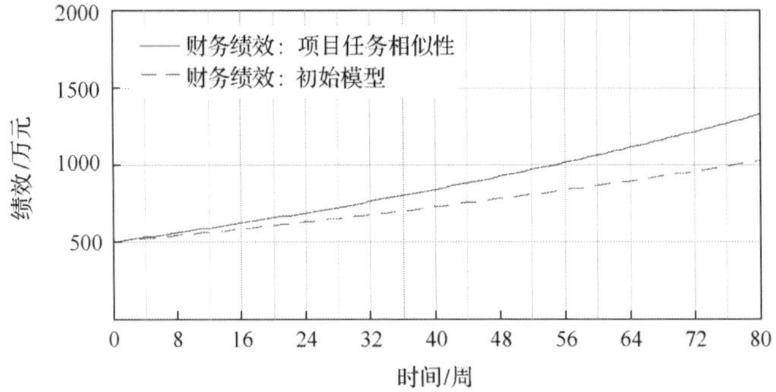

图 6.23　引入 PJS 后财务绩效变化

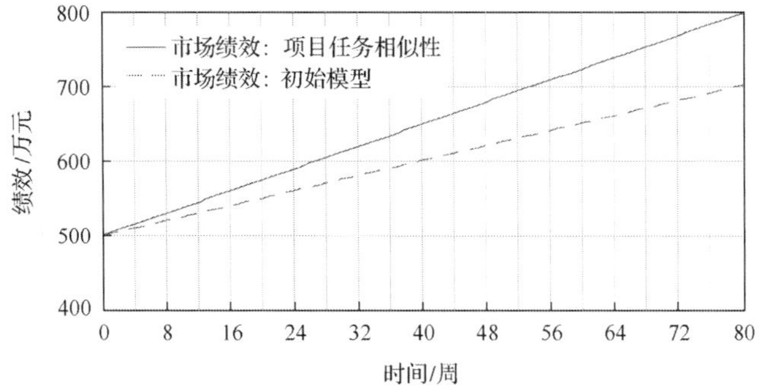

图6.24　引入PJS后市场绩效变化

(3)引入企业战略导向(ESO)后企业绩效的变化(图6.25和图6.26)。

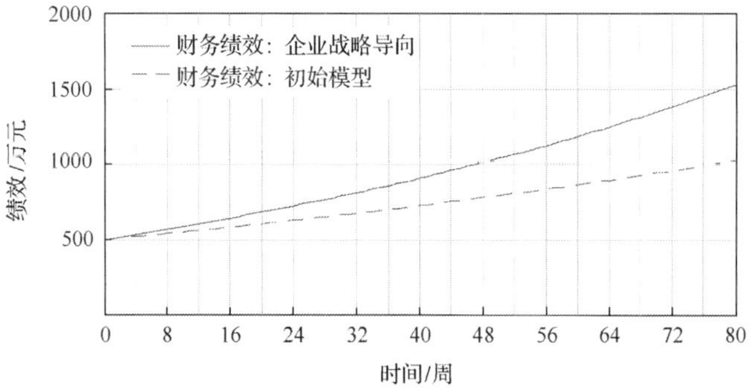

图6.25　引入ESO后财务绩效变化

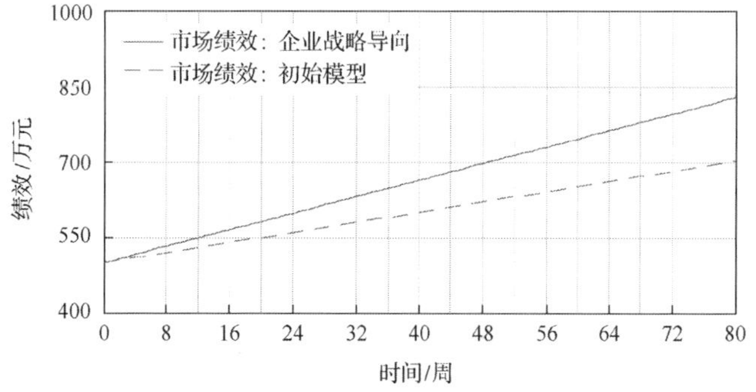

图6.26　引入ESO后市场绩效变化

(4)引入企业组织结构(EOS)后企业绩效的变化(图6.27和图6.28)。

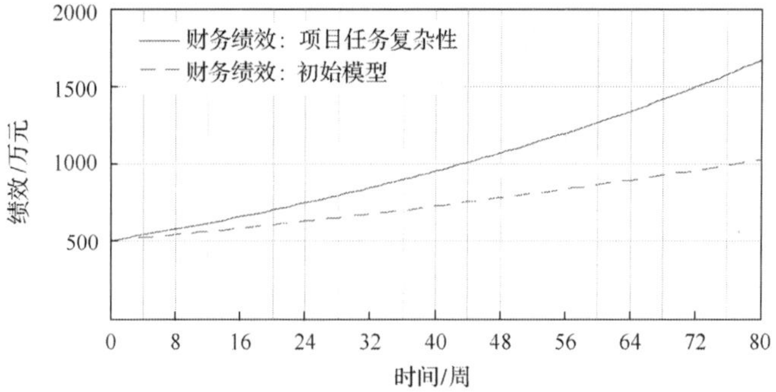

图 6.27　引入 EOS 后财务绩效变化

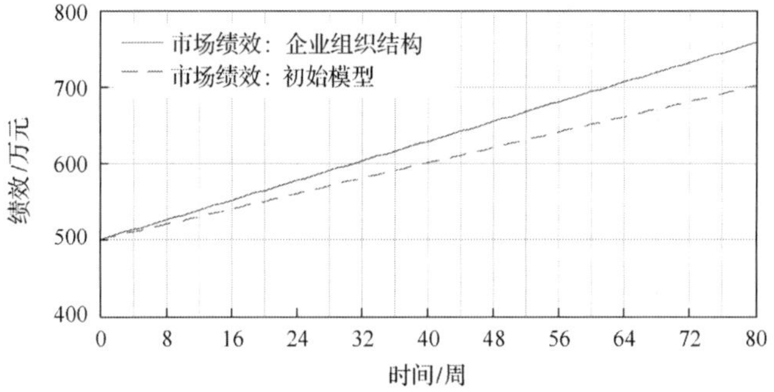

图 6.28　引入 EOS 后市场绩效变化

(5)引入项目商务网络(PBN)后企业绩效的变化(图 6.29 和图 6.30)。

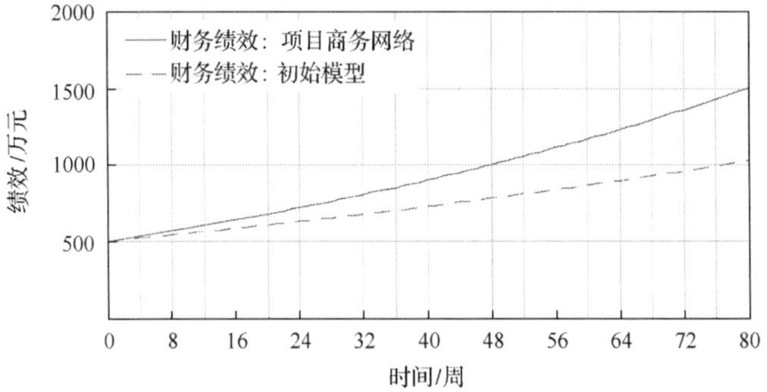

图 6.29　引入 PBN 后财务绩效变化

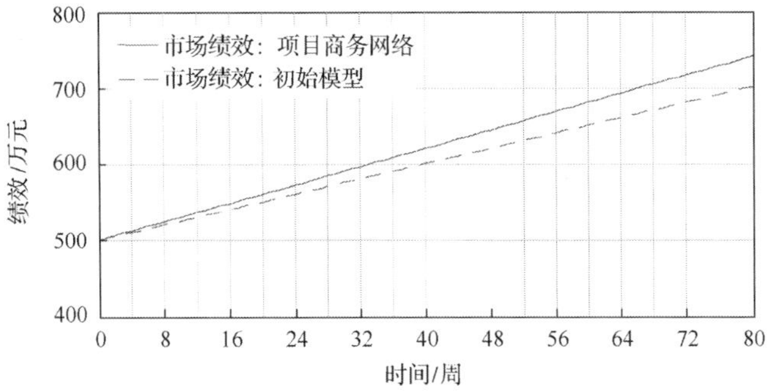

图 6.30　引入 PBN 后市场绩效变化

(6)引入项目外部环境(EOC)后企业绩效的变化(图 6.31 和图 6.32)。

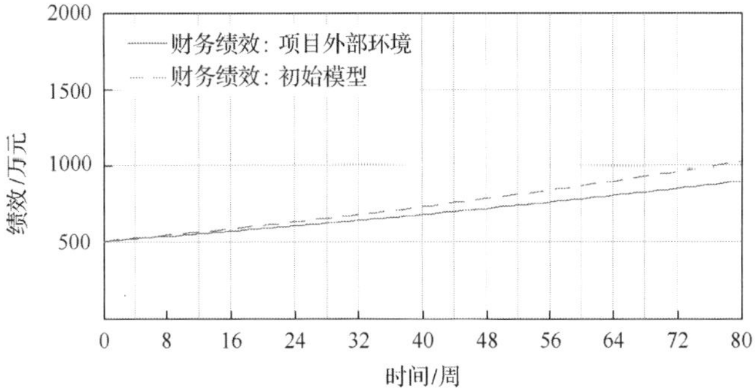

图 6.31　引入 EOC 后财务绩效变化

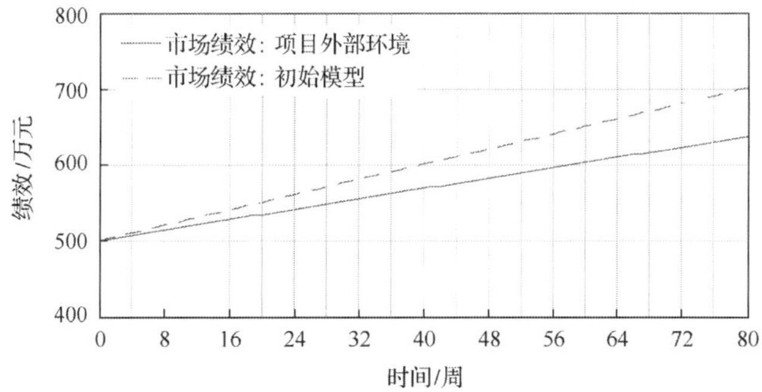

图 6.32　引入 EOC 后市场绩效变化

(7)引入组织学习(OL)后企业绩效的变化(图 6.33 和图 6.34)。

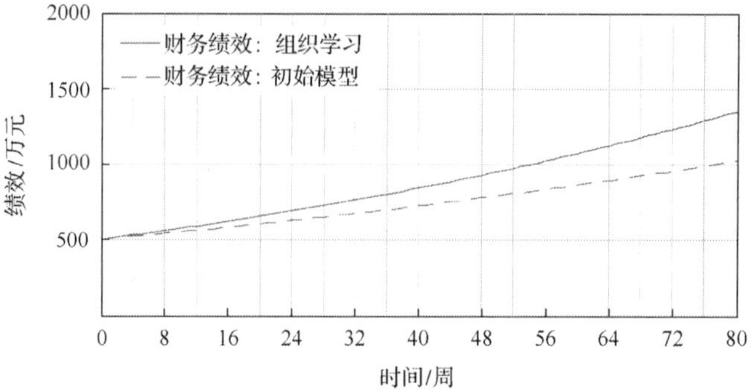

图 6.33　引入 OL 后财务绩效变化

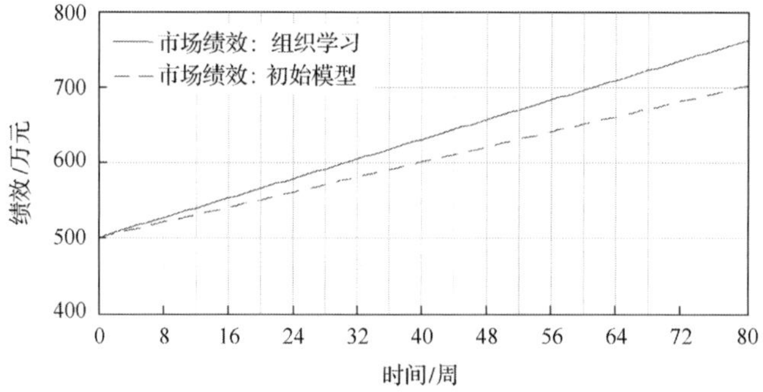

图 6.34　引入 OL 后市场绩效变化

3. 引入多变量后对企业绩效的影响

(1)引入项目任务特征(PJC+PJS)后企业绩效的变化(图 6.35 和图 6.36)。

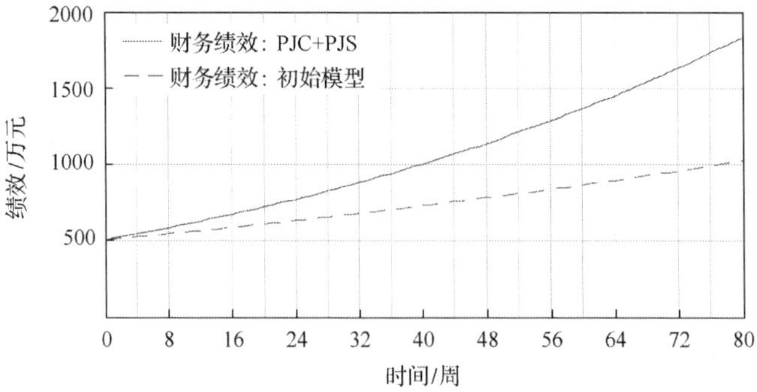

图 6.35　引入 PJC+PJS 后财务绩效变化

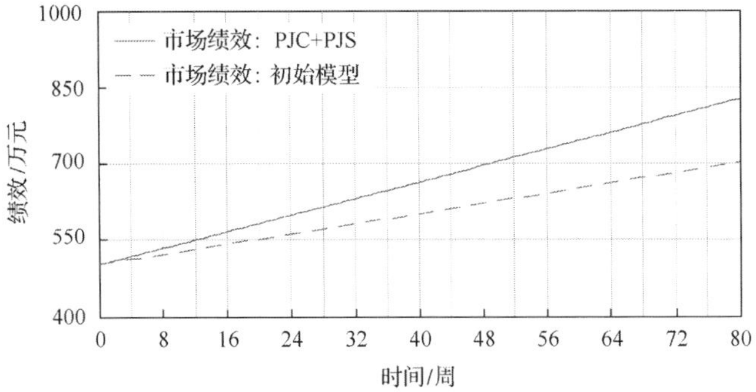

图 6.36　引入 PJC+PJS 后市场绩效变化

(2)引入项目参与者特征(ESO+EOS+PBN)后企业绩效的变化(图 6.37 和图 6.38)。

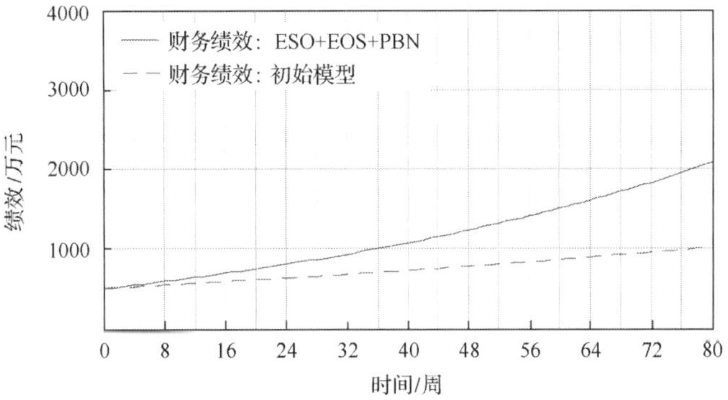

图 6.37　引入 ESO+EOS+PBN 后财务绩效变化

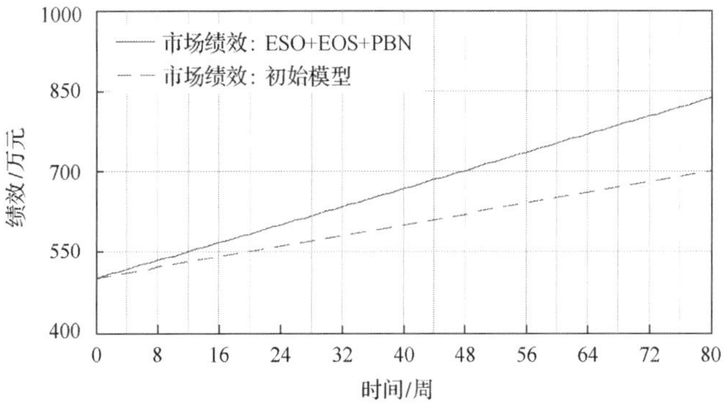

图 6.38　引入 ESO+EOS+PBN 后市场绩效变化

(3)引入组织学习+项目环境(OL+EOC)后企业绩效的变化(图 6.39 和图 6.40)。

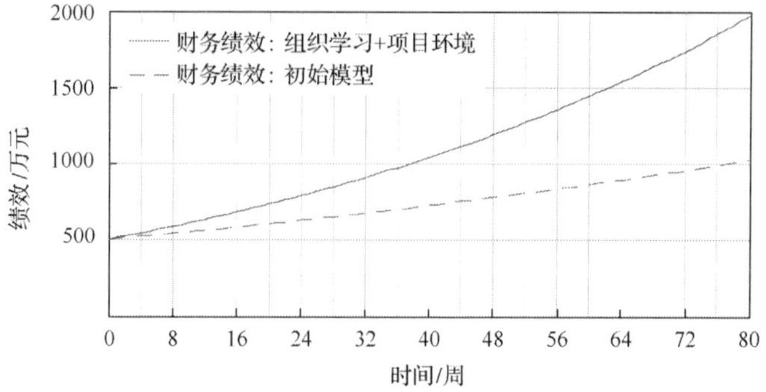

图 6.39　引入 OL+EOC 后财务绩效变化

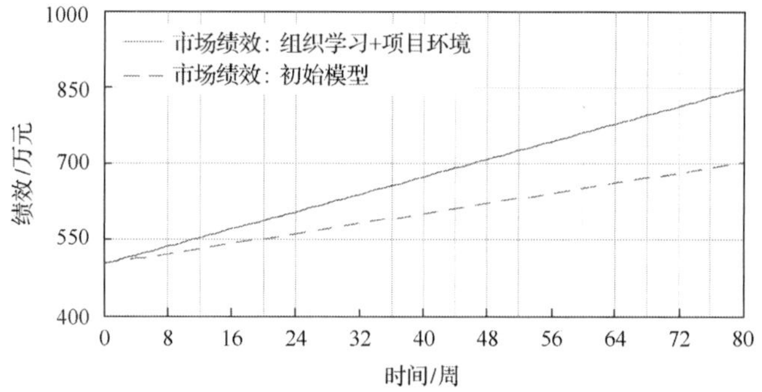

图 6.40　引入 OL+EOC 后市场绩效变化

（4）引入所有影响因素（6 个影响因素+OL）后企业绩效的变化（图 6.41 和图 6.42）。

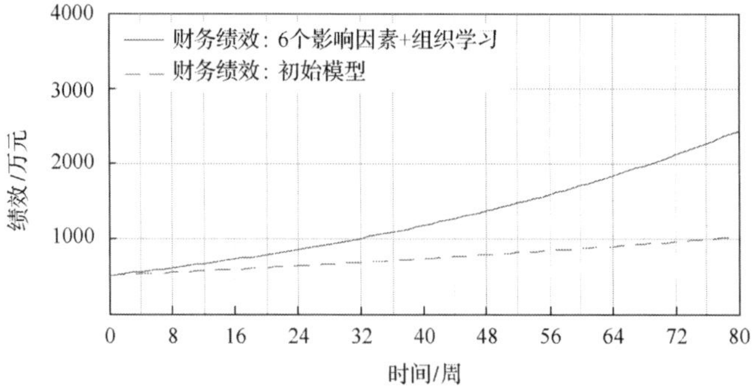

图 6.41　引入 6 个影响因素+OL 后财务绩效变化

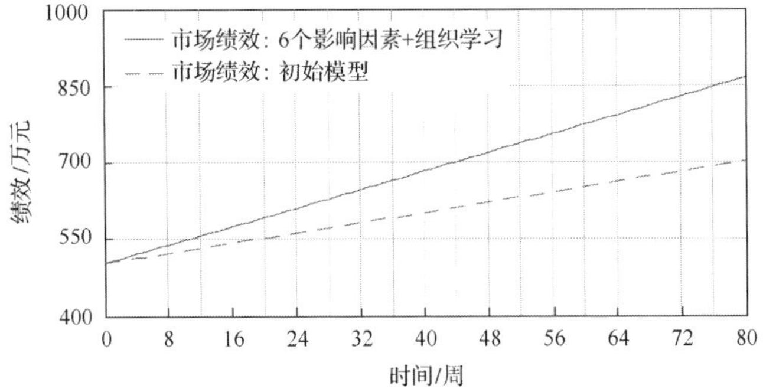

图 6.42　引入 6 个影响因素+OL 后市场绩效变化

(5)商业模式三个维度前后对比(图 6.43 和图 6.44)。

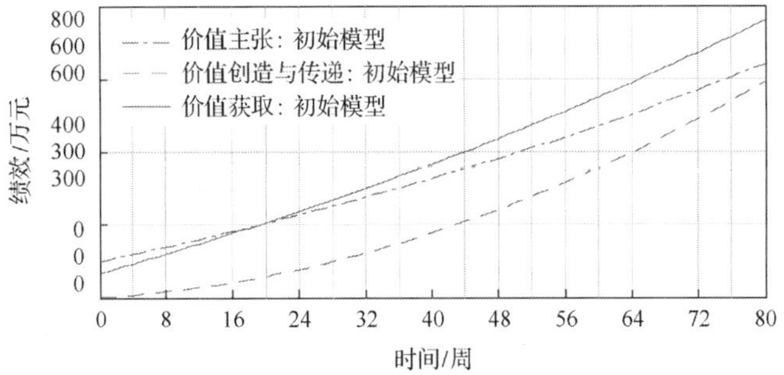

图 6.43　初始模型中的商业模式三个维度

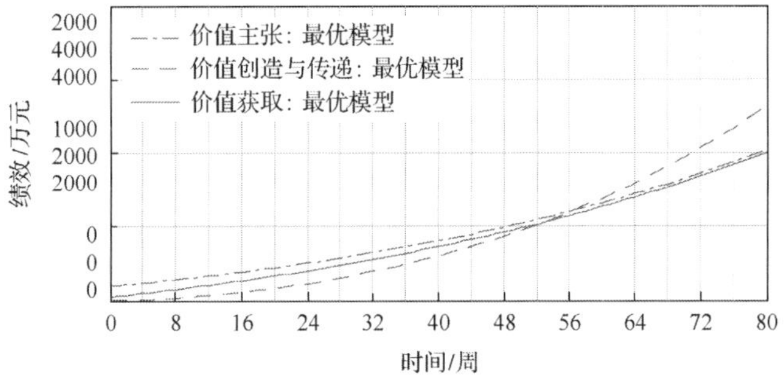

图 6.44　最优模型中的商业模式三个维度

(6)动态能力三个维度及项目绩效前后对比(图 6.45 和图 6.46)。

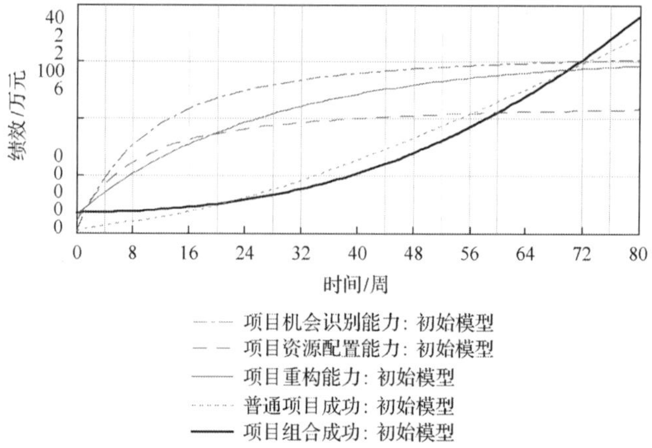

图 6.45　初始模型中动态能力和项目绩效变化

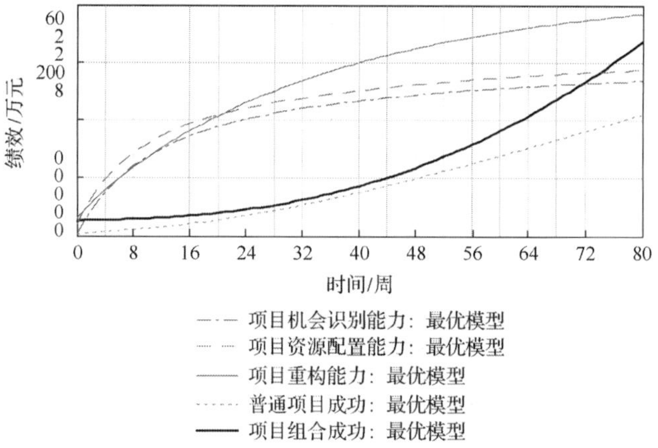

图 6.46　最优模型中动态能力和项目绩效变化

6.4　项目导向型企业商业模式系统动力学模型仿真结果讨论

通过模型中的各种主要因素对企业绩效的影响趋势的仿真模拟，我们已经解决了建模目标提出的三个问题：

1. 初始模型仿真模拟

利用初始模型系统仿真模拟得到项目导向型企业绩效变化趋势曲线。当模型中任一子系统变量都不发生变化，即在企业绩效形成过程中不再施加任何因素的情况下，项目导向型企业的财务绩效和市场绩效在未来 80 个星期内呈缓慢增长趋势。

2. 单因素仿真模拟

分别引入项目任务复杂性、项目任务相似性、企业战略导向、企业组织结构、项目商务网络、项目外部环境、组织学习这 7 个变量，进行单变量影响分析，即在初始模型基础上增大各个变量，考察企业财务绩效和市场绩效的变化。模拟结果显示，项目任务复杂性、项目任务相似性、企业战略导向、企业组织结构、项目商务网络和组织学习 6 个变量增加后，企业绩效在初始模型基础上持续提升，它们与企业绩效的影响呈正向关系；项目外部环境变量增大后，企业绩效水平低于初始模型的企业绩效水平，项目外部环境与企业绩效的影响呈反向关系。上述变量中对项目财务绩效影响最大的是项目任务复杂性，对项目市场绩效影响最大的是项目战略导向。

3. 多因素仿真模拟

同时将项目任务特征的两个变量即项目任务复杂性(PJC)和项目任务相似性(PJS)引入系统仿真过程，结果显示，这两个变量同时作用给企业绩效带来的影响大于单个因素的影响；同时将项目参与者特征的三个变量即企业战略导向(ESO)、企业组织结构(EOS)和项目商务网络(PBN)引入系统仿真过程，结果显示，三个变量同时作用给企业绩效带来的影响大于单个变量的影响；同时将项目外部环境(EOC)和组织学习(OL)引入系统仿真过程，结果显示，这两个变量配合在一起对企业绩效的影响大于单个变量给企业绩效带来的影响。最后，将所有 6 个外部影响因素与组织学习一起引入系统仿真过程中，结果显示，对企业绩效带来的影响大于前面所有单变量仿真模拟和多变量仿真模拟的结果，因此当上述分析的 7 个变量同时增加时，企业绩效水平最高，而同时引入上述 7 个变量的模型即为最优模型。

4. 初始模型和最优模型对比

将初始模型中商业模式三个维度和最优模型中商业模式的三个维度进行对比，结果显示，最优模型中商业模式三个维度均比初始模型中的值有所提高，反映出在最优模型中商业模式创造的项目价值最大，因此企业绩效也最优。将初始模型中的动态能力三个维度、普通项目成功、项目组合成功与最优模型中进行比较，结果显示，最优模型中动态能力、普通项目成功、项目组合成功明显高于初始模型，并且随着时间发展，项目组合成功高于普通项目成功，最优模型反映尤为明显。这也说明项目组合成功对实现企业绩效具有重要作用。

第7章 管理启示与对策建议

7.1 管理启示

本研究围绕商业模式这一核心概念展开，探讨了商业模式与企业绩效的关系，不仅将商业模式的影响前因纳入研究模型，还考察了动态能力对模型的影响。虽然是学术研究，但对于企业利用商业模式进行战略管理，提升企业绩效和竞争优势具有一定的借鉴意义。

1. 为项目导向型企业商业模式变革提供了依据

商业模式作为战略管理的工具，贵在能让企业形成整体竞争优势。当前，越来越多的项目导向型企业尝试改进现有的商业模式，但很多企业并未取得满意的结果。究其原因是影响商业模式的因素很多，但由于没有合适的研究工具，现有研究中很少有能够全面系统的对这些影响因素进行实证分析的。本研究对商业模式的影响前因进行了系统识别，开发了简单可靠的测量量表，并验证了商业模式前因对商业模式的作用关系，这为企业商业模式变革提供了依据。项目导向型企业商业模式是由项目任务特征与项目参与主体特征共同确定的，不仅要考虑客户需求，还要考虑企业自身资源和能力，积极调整内部组织结构、建立广泛合作关系，密切关注企业外部环境的变化，促成商业模式的积极变革。

2. 倡导企业重视客户价值

本研究增加的两条路径显示商业模式三个价值维度间存在相互影响，即价值主张对价值创造与传递和价值获取具有直接影响。一方面，价值主张决定了企业价值创造与传递的内容，客户价值的实现有的是以产品性能来保证的，而有的还需要提供必要的服务，因此，价值主张界定了价值创造与传递的内容与形式；在企业建立高效的内部流程，能够保证开发出性能完善的产品/服务，关键看是否能为客户提供价值增值。因此，可以与客户建立密切的合作关系，使产品的设计和制造始终围绕客户需求来进行。另一方面，企业建立广泛的合作关系，不仅提供优质的产品/服务，还通过整合资源使成本下降，建立竞争优势，但企业追求低成本的目的还是满足客户需求，为客户提供更多的价值。因此，商业模式价值的大小，关键是看是否符合客户需要，通过客户价值进行转化才能得到实现。因此，在企业战略决策过程中，应该更加关注客户价值的实现，客户需求往往是不断变化的，企业管理者需要不断审视企业的价值主张是否是客户需要的，是否能更好地满足客户需求，进而为改进商业模式提供新的思路。

3. 建议企业加强动态能力的培养

动态能力是企业战略管理的有效工具，它克服了核心能力的刚性，能帮助企业适应环境变化，构建持续竞争优势。本研究证实了动态能力会调节商业模式与企业绩效间的关系，这也说明了商业模式只是勾画了企业价值创造和转换的框架，是一组相对静态的行为准则和方案，随着时间的变化，企业内外环境日趋复杂，若要使这组预定框架能够发挥其应有的功能，必须进行适当的调整。动态能力是改变能力的高阶能力，它可以帮助企业发现商业机会、优化资源配置、建立新的价值体系。例如，通过动态能力的调整，市场竞争程度高的环境下反而会为企业创造更多的商业机会。实践中，有很多企业将优势企业的商业模式复制过来，但最终效果并不好，这说明商业模式能否发挥作用，动态能力起到了非常重要的作用。因此，企业要保持竞争优势就必须重视动态能力的培养。

4. 为企业变革商业模式提升绩效提供了有效途径

本研究验证了商业模式对企业绩效的作用机制。对结构方程的研究揭示了提升企业绩效的关键是企业如何高效及时地为客户创造和提供更高的价值。企业可以根据本研究得到的结论，结合自身实际情况制定积极有效的经营策略，提升企业绩效。例如，为了提高企业的市场绩效，就需要重点改进商业模式中的价值主张维度，提供性价比更高的产品/服务，来不断吸引潜在客户；为了提高企业的财务绩效，需要更加关注项目内、项目间的协同，通过对价值创造与传递体系各个环节的协作降低成本，为企业获取经济效益；也可以发挥供应链协同效应，建立与客户、供应商的合作关系，建立和维护市场竞争优势，从而取得长期绩效。对系统动力学的研究揭示了商业模式系统内部要素与结构对最终系统绩效产出的影响，从系统的角度提出企业绩效的提升需要综合多个因素的作用，不仅需要考虑项目任务特征，还要结合企业自身的实际情况，与企业战略导向相匹配，与外部环境相适应，因此，商业模式对企业绩效的作用更多地体现在动态协同方面，企业动态能力是变革商业模式，提升企业绩效的关键。

7.2　企业绩效提升的对策与建议

7.2.1　基于项目任务特征选择项目

根据前面分析结果，项目任务特征对商业模式及企业绩效具有显著的影响。因此，项目导向型企业在选择项目时需要着重考虑项目任务特征，按照项目任务的复杂性和项目相似性，可以将备选项目划分为下面四种类别(图 7.1)。

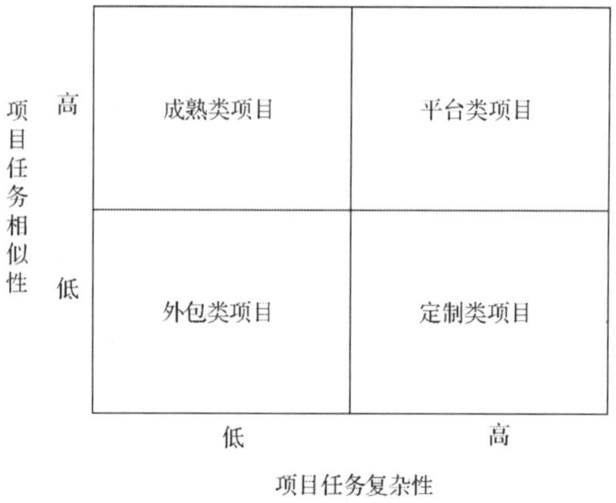

图 7.1　基于项目任务特征的项目分类

1. 成熟类项目(项目任务相似度高、项目任务复杂程度低)

对于企业来讲，这类项目提供的产品/服务简单，技术难度小。对于这类项目导向型企业可以充分利用项目任务相似性特征，实现生产流程协同效应，以效率型作为商业模式设计主题来提升企业绩效。

2. 平台类项目(项目任务相似度高、项目任务复杂程度高)

对于企业来讲，这类项目是最理想的项目/项目组合。一方面，企业拥有与项目任务类似的平台，可以发挥企业同类项目的设计、制作、营销等方面的经验，共享资源，实现低成本价值创造与传递；另一方面，产品/服务具有一定复杂性，这又给企业提升客户价值创造了机会，企业可以通过技术创新实现客户价值增值，以新颖型+效率型作为企业商业模式设计主题来提升企业绩效。

3. 外包类项目(项目任务相似度低、项目任务复杂程度低)

对于企业来讲，这类项目不存在资源共享和协同效应，项目任务也不复杂，企业选择外包给第三方，同时，借助与第三方建立合作关系，实现企业绩效的持续提升。

4. 定制类项目(项目任务相似度低、项目任务复杂程度高)

对于企业来讲，这类项目缺乏同类项目的经验，需要做好项目任务的分解，积极进行技术创新，以高质量地实现客户价值。从长远来看，企业选择这类项目虽然开始比较困难，但企业通过组织学习会从项目实施过程中学习到很多东西，企业也会借助一个一个新项目提升自身实力，有效提升企业绩效水平。

7.2.2　拓展服务模式，提升客户价值

对于项目任务复杂性较高的项目，客户在使用过程中经常需要供应商给予更多的技术支持或服务，实施服务模式能够增强客户价值整体水平。一方面，可以增强客户的产品使用体验，提高客户满意程度；另一方面，还可以与客户建立良好的客户关系，进而发现客户的新需求，创造新的盈利机会。

产品供应商企业(制造业企业)为了保证顾客所购产品(技术、知识含量高的产品)发挥恰当的功能或者是便于顾客操纵所购产品而向顾客企业提供的相关服务。支持顾客行为的服务提供则是指产品供应商企业(制造业企业)旨在探索如何支持特定顾客的创新活动、组织核心能力打造或推进顾客组织使命或目标的实现而向顾客企业提供的相关服务。

根据产品服务类型不同以及交易方式不同，可以将项目导向型企业服务策略划分为四种类型：嵌入式服务、伴随式服务、拓展式服务和一体化解决方案(图 7.2)。

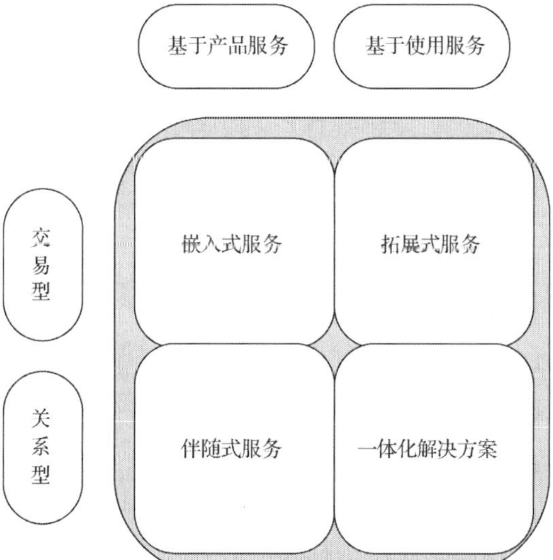

图 7.2　项目导向型企业服务模式

1. 嵌入式服务

嵌入式服务作为产品本身的一部分，是发挥某些特定功能的服务。例如，由飞机制造企业向航空公司运营商提供的航空信息管理服务软件，就作为一种嵌入式服务对飞机设备进行一系列的自我诊断和检测，以便及早发现问题。以前这类

检测活动都是由机械师人工完成的。再比如，嵌入式服务使得客户的某些业务由内部提供转向由项目供应商提供，嵌入式服务将产品与服务打包交付给客户，无疑提升了项目的整体价值。

2. 伴随式服务

伴随式服务通常是指伴随项目产品提供的、更方便客户购买产品的各类附加服务，如设备改造、技术性故障远程诊断、关键性部件修理、产品故障前的预防性维护和保养、设备运行状态监控、产品系统升级和更新、设备的调试与安装，以及设备的技术性回收处理等服务提供。这种伴随式服务不是一次性交易，而是建立在与客户保持良好的关系基础上的，有利于项目供应商发现客户新的需求，形成新的价值主张。

3. 拓展式服务

拓展式服务是指为了更好地支持客户对项目产品的使用，有效发挥产品的功能效果，项目供应商提供的服务，如支持顾客新产品研发或新项目开发、新产品生产和商业化，生产系统设计与改造、为顾客业务过程改善或优化提供合理性建议或支持，以及承担特定顾客企业的备品备件管理等，客户一般采用外包方式将任务交付给项目供应商，实质上将项目价值拓展到客户使用阶段。

4. 一体化解决方案

一体化解决方案的核心是将产品与服务结合成有机整体，向客户提供全寿命周期的价值，属于供应商满足客户需要的一种下游整合方式。例如，家装项目供应商在为客户提供产品时，会根据客户需要提供咨询、设计、制造、维护等一整套服务方案；电力设备项目供应商在提供产品的同时，还向客户提供运输、安装、调试、人员培训、维修、设备残值处置等服务业务；项目供应商向客户提供的是产品+服务的整体解决方案。

7.2.3 开展供应链成员合作，建立合作共赢机制

项目供应链由所有加盟的项目成员组成，一般有一个核心成员，核心成员在客户需求信息的驱动下，通过对项目供应链的职能分工与合作(生产、制造、销售等)，以资金流、物流或服务流为媒介实现整个项目供应链的不断增值。

项目供应链成员跨组织合作有利于项目成员利用组织内外资源，提高项目供应链的应变能力和创新能力，是提升项目整体价值的有效途径。伴随着项目进度，项目供应链组织结构、治理结构和参与成员在价值链中的地位也随之发生变化。为此，要实现项目供应链真正意义上的协同与优化，就需要选择合适的战略合作

伙伴，构筑合作模式。

1. 选择合适的组织形式

项目供应链管理可以采用项目联合体模式，在这种模式下，联合体成员会更关心自己的利益分配，不仅会参与到项目设计、制造、采购、销售等实施过程当中，还会积极介入到项目市场调研、策划、投资评价、融资等前期业务之中。

2. 进行正确的合作战略定位

项目供应链中企业在与其他成员进行合作时，需要进行正确的战略定位，通过对自身优劣势的分析，寻找出自身可以与之合作的企业，然后明确合作企业的优势，取长补短，将合适的业务与合适的公司展开合作，以谋求成本的最低化和效益的最大化。

3. 构建广泛的信任和依赖关系

项目供应链管理是一种观念上的创新，其实质是合作共赢，需要项目合作成员摒弃以自我为中心的观念，建立和谐的管理理念。核心成员在实现自身目标的同时要能融合其他不同组织成员的差异，以信任取代监督和对立，要在不断巩固与各参与方之间伙伴关系的同时，建立科学的学习型组织文化，树立科学的项目观念，发扬团结协作的精神。

4. 建立合理的收益/风险分配制度

合理公正的收益/风险分配机制，是项目供应链合作模式成功实施的关键。合理确定参与各方的收益分配比例，并将收益和风险联系起来，能够较好地体现伙伴间风险分担、收益共享的原则，具有明显的激励作用。

5. 选择有效的冲突处理方式

压制冲突或与冲突对抗都不是好的冲突解决方式，有时甚至会产生副作用，不仅实现不了双赢的目的，还会造成双输的后果。实际中，要能够识别各种隐性或潜在的问题，根据具体的处理程序、解决机制，随机应变，动态地分析和解决问题。

7.2.4 项目间进行资源优化配置，实现协同效应

加强多个项目之间的协同是多项目管理的关键。其协同含义有三个层次，首先，多项目系统内是相互作用的，并且系统的建立是紧密围绕战略目标的；其次，系统需要保持开放性，包括与外部环境中物资、信息等资源的交换，与企业相关

价值链条中其他企业之间形成更加紧密的关系，也包括企业通过项目与其他企业进行的合作协同，最后，系统实现的价值化评价，只有通过价值实现才能进一步验证协同的真正内在价值。

多项目协同在具体的实施过程中，要求项目之间相互关联、相互作用，从而呈现出相似性、互补性和流动性的特征。相似性表现为实施过程中，职能管理或技术要素存在可以相互通用性和替代性；互补性表现为各要素基于自身的比较优势而承担相应的责任，从而构建一个整体；流动性则是把握具体要素发挥其价值过程的阶段性特征，通盘统筹并利用各要素阶段性价值作用，实现企业内部资源协同的自组织，从而提升整体的管理绩效(图 7.3)。

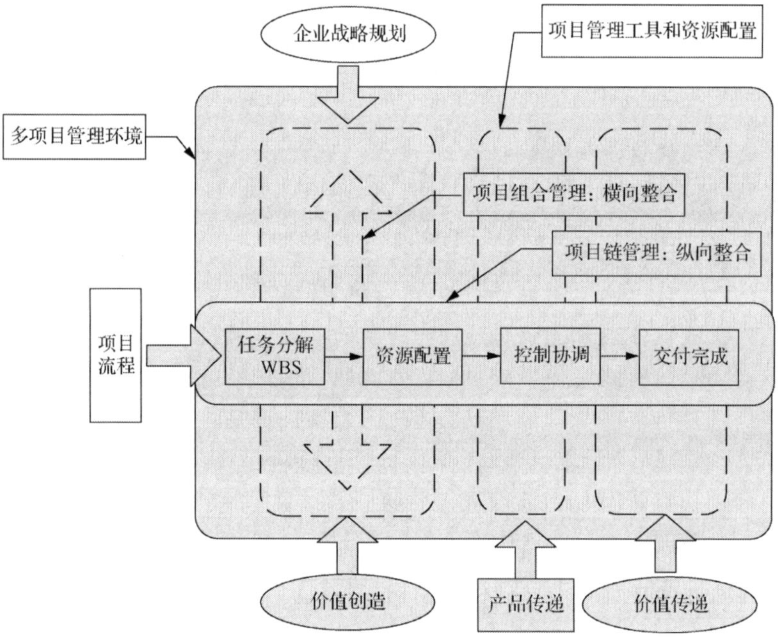

图 7.3　项目导向型企业协同机制

1. 多项目协同管理机制

多项目协同管理的核心是通过对具有共同战略目标的多个项目进行资源整理，从而使企业获得比单个项目实施总和更为巨大的管理收益。这就要求从全局层面合理地规划企业资源、挖掘各类资源的使用价值，使其能够发挥资源的规模经济、产生协同效应。因此，企业资源整合和高效利用是多项目管理获得收益最大化的关键，其中包括人、财、物以及项目中产生的知识的利用。只有通过对人、财、物等有形资源和项目过程中产生的知识等无形资源的共享，多项目协同效应才会最终显现，借助专用资产的共享来实现价值最大化，同时降低投资险。

2. 企业多项目的资源协同管理

1) 进度计划管理

区别于单个项目进度计划，多项目进度计划管理要求对整个项目组合的工作计划和资源计划安排进行结构的整合优化设计，要综合考虑每个不同项目的需求、项目资源利用的科学性，还要考虑项目之间的关联等等，特别是项目之间的协同交互界面的构建，从而可以用最低的成本来满足客户需求，因此多项目进度计划的管理也成为多项目管理中最重要的一个环节。

2) 项目任务优先级管理

在进行资源的合理分配前，应当按照企业或者部门战略以及对于资源依赖程度来判别项目以及项目内各任务的优先等级。通常需要将战略得以实施的最重要、最紧急，且对资源存在较大依赖的项目任务排在最高级，然后根据排序来确定资源的综合利用与分配。

3) 项目资源平衡计划

企业实际运行过程中，可利用的管理资源是受限的，能供给各个项目的资源更加有限，所以开展多项目管理需重点关注项目投入资源的节约，分析汇总可集约化利用的各类通用资源的使用效率，进行时空上更合理的资源使用计划安排，从而真正发挥多项目资源整合利用的管理效益。通常在企业资源稀缺并能够通过市场手段获取所需资源时，建议通过外部途径寻求相关资源。

3. 多项目协同模型构建

建立多项目协同功能模块和技术支持模块，并围绕“协同”这一中心思想，构建多项目协同模型。

1) 多项目协同功能模块

多项目协同是通过对企业的一系列基本活动功能进行协同，这些功能包括战略、资源、人力、组织、采购、设计、生产和创新功能，共同构成了企业的全部经营活动。

多项目的协同范式模块，有以下三种：

(1) 项目组合与企业战略的协同。在进行多项目的选择时，要考察各个项目的价值导向性以及是否有助于商业战略实现。通过以项目结束为标志的临界点的超越，实现跨越式发展，进而实现战略的动态调整，直至战略目标的实现。

(2) 项目与项目之间的协同。基于 WBS 的项目工作分解，加强项目间资源集约采购和供给。通过同类工作的归并以及价值导向的明确，实现项目协同，进而提升项目价值。

(3) 企业内部项目与企业外部关联项目的协同。网络化和社交化发展为各个企业通过寻求外部合作，来实现内部项目的协同，进而辅助内部项目目标的最终实现。

2) 多项目协同技术支持模块

目前多数企业推进的项目集成化管理，大多仅仅体现为单个项目的纵向集成层面，横向集成仍有较大不足。推动横向集成需要时时的信息传递，动态过程管理能力的构建，而现在的信息技术和网络技术的发展使多项目复杂系统的有效管理成为可能。计算机和网络的大规模普及使得原有跨地域、跨部门难以实现的多项目协同管理变为现实，项目协同效益得以多维度显现，同时，虚拟组织和虚拟团队也开始大量出现。计算机支持使得原本难以实现的多项目协同管理变为现实，也显示出协同项目管理的效益。

4. 多项目协同管理实现

多项目协同在相互关联且相互作用的项目群组中发生，通过识别各项目的具体功能内容、资源配置，进而发生协同的行为过程，其协同实现模式主要表现为以下三种：

1) 基于互补关联的协同

基于互补关联的协同有两种形式：一种是多项目间资源互补协同。每个项目需求资源的层次差异性使得在多项目管理过程中能根据差异需求在不同层级上整合利用同一资源，从而提升效率；另一种是能力协同的互补。项目对企业能力的要求正是体现在这样的将工作分解结构后形成的各类工作包，无论企业类型、竞争力如何，各企业和部门都会存在能力上的比较优势与比较劣势，在项目协同时可专注于自己的比较优势，整合外协方资源能力共同配合完成，提升管理效率。

2) 基于相关性的协同

基于 WBS 的工作分解方法为多项目协同所涉及的工作包、资源或者职能的整合提供了可能，整合所形成的规模经济或者范围经济能够进一步强化项目之间的信息共享与信息传递，从而提升项目执行效率。

3) 基于流动性的协同

项目实施经验显示，传统项目实施方式下大部分管理要素与资源会于不同阶段地处于闲置或低使用率状况，多项目协同管理则使各项资源被集成共享，从而有效地避免生产资源的损失。

5. 多项目协同实现的步骤

多项目协同实现应从项目工作任务的分解开始，然后到任务整合，再到对所需资源对象的识别，进而到多项目协同的调度。

1) 多项目任务的分解

在明确项目的目标和范围后，就要开始做 WBS 分解，将可交付成果和项目工作分解成较小的、更易于管理的组成部分，为任务的归并、整合打下基础。

2) 多项目任务对象的整合

多项目任务之间可能存在层次性以及逻辑性，上层次的任务以下一层次任务为基础，后一层次任务以前一层次任务完成为基础。通过 WBS 将单项目的任务集形成列表，然后将项目协同的多项目系统作为一个新系统，依照已有安排修正列表编制，从而将分散的单个项目任务整合成一个新的组合项目的任务集合，同时项目相应资源的分解结构也可能与单个项目有所不同。

3) 多项目资源配置

多项目任务所需资源应当进行预先分解，检查并避免漏项导致项目延期或成本升高。应明确定义材料资源、设备资源与人力资源并采用资源耗用估计等科学方法予以估算。

4) 多项目资源协同调度

多项目管理对资源合理协同调度可以实现资源的有效整合，从而实现多项目协同效益。调度过程可分为如下两种：

(1) 依据任务平衡资源。对项目 WBS 的分解以及多个项目任务的重新整合，编制包含多个项目初始节点的网络计划图。可以通过持续优化非关键路径，提高资源利用效率，降低总体资源消耗，从而实现多项目资源的平衡与有效应用。这里要求资源是可以获取的，且每项任务完成时间符合单个项目的项目周期要求。

(2) 依据资源调度任务。此种调度过程的前提是资源项识别时已经将多项目的各个资源陈列成清晰清单，使资源约束下的多项目任务调度有可行的基础。依据资源调度任务要求，在满足项目内各任务时序约束和所有项目资源约束的同时，优化所有项目任务的进度安排，从而实现项目总工期的最小化。

7.2.5　商业模式架构与企业战略相互匹配

商业模式要以企业战略为导向，并随着企业战略的变化进行调整，彼此相互匹配。企业战略导向主要包括技术导向、顾客导向、竞争导向等，不同战略导向决定了商业模式的设计主题，结构重点也有所不同。

1. 技术导向

技术导向企业以技术作为核心资源，生产出超出同类项目的质量更高、性能更好、功能更全的新型产品，新颖型是该类商业模式的设计主题，价值主张和价值创造与传递是商业模式的关键环节；技术导向下更强调产品技术创新，价值主张中“产品+服务”的产品是重点；技术导向下企业为了实现技术上的突破，在价值创造阶段投入核心资源与关键流程，或与企业外的其他组织合作开发，不仅有项目产品技术的开发，还包括生产工艺技术及相关流程的研制，内部解决不了的还需要购买或采取联合开发的方式；在价值获取上考虑到客户对性能的关注超过价格关注，因此在定价上一般采取溢价销售，依靠优异的产品技术性能来赢得市场客户。

2. 顾客导向

顾客导向是以满足顾客需求、增加顾客价值为首要目标，也是企业经营的出发点，新颖型或自锁型是该类商业模式的设计主题，而价值主张和价值获取是商业模式的关键环节。在价值主张设计过程中客户参与有助于战略目标的实现，更多地体现为“产品+服务”中服务是重点；在价值创造与传递过程中，特别注意顾客的消费能力、消费偏好以及消费行为的调查分析，重视新产品开发和配套服务创新；企业通过关系营销持续为客户提供服务，并在满足客户需求的基础上实现企业价值。

3. 竞争导向

市场导向是指企业可以依据对手的价格，制定出高于、低于或与竞争对手相同的价格竞争策略，竞争导向以竞争对手制定市场策略，效率型或互补型是该类商业模式的设计主题，价值创造与传递过程和价值获取是这类商业模式的关键环节。价值主张设计中强调企业相对于竞争对手的优势，采取“产品+服务”的差异化策略；在价值创造与传递中采用项目内协同和项目间协同提高价值转换的效率，降低项目成本；在价值获取方面更强调关系营销，提高客户满意度。

商业模式与企业战略相互影响，相互作用。企业战略目标的实现需要以商业模式作为支撑与保证，而商业模式的设计又要以企业战略为指导；而在商业模式实施过程中，价值主张、价值创造与传递、价值获取三个维度形成了各自优势资源和能力，这又是企业战略设计的基础，影响企业战略导向持续演变，并引导企业不断提升自身竞争实力。

7.2.6 建立高效的组织结构和信息平台

项目导向型企业中项目与日常运营共同存在的特点决定了项目导向型企业的组织结构是临时性与永久性的共同体，为了提高项目决策灵活性和决策效率，企业通过项目管理和项目组合来实现主要业务流程，企业内部人员多是通过团队方式工作，基于项目的管理使得项目导向型企业的组织结构趋向于扁平化，建立统一的信息化平台是项目成员间交流的有效工具。

1. 企业组织结构

项目导向型组织(图 7.4)按照活动不确定性和创新性的程度分成项目运营型组织和项目创新型组织两种，并且以三个层级(组织层面、项目组合层面和项目层面)来设计组织部门和具体项目团队，最终完成项目导向型组织结构的构建。项目导向型组织的组织结构同直线职能式、矩阵式以及项目制组织结构之间存在很大的不同，这是以项目为核心的全新组织结构，组织只有坚持以项目为导向，才能保障按照项目导向模式来管理各项目和日常运营活动。对于以项目导向型为核心的企业来说，完成项目是企业创造价值的唯一途径。企业决策者是属于组织层面的最高管理机构，运营项目组合、战略项目组合和项目组合管理办公室属于项目组合层面，三者相互联系，起到企业决策的支撑作用。运营项目组合管理者属于长期部门，一般负责企业各种资源(人、财、物)及基本业务流程的管理，又可以分为直线部门和职能部门，这改变了以往矩阵式组织中的关于部门职能定位的固化

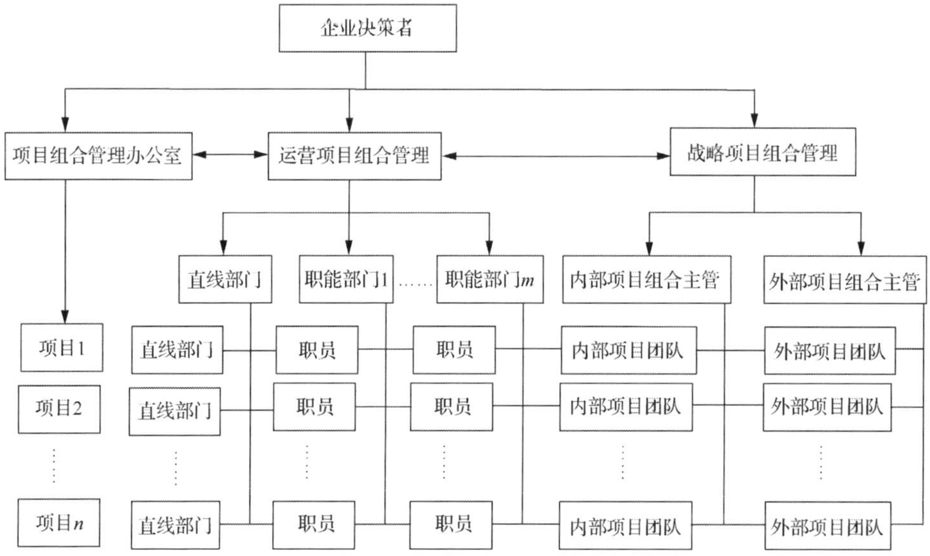

图 7.4 项目导向型组织结构

思维，项目导向型企业中的职能部门应变为管理部门，职能部门的经理也相应地变为资源经理。战略项目组合管理下又分为内部项目组合和外部项目组合两种类型，分别代表与企业内部项目组合和与企业外部项目组合，目的是整合企业内部和外部资源和能力，作用是实现项目目标。第三层是项目层面，包括项目团队成员和职能部门或直线部门的员工，特殊员工可以在各团队间同时承担工作任务，实现资源共享，而同一个项目又涉及不同职能部门和不同项目团队的成员，这种扁平化结构有利于项目成员之间和企业各职能部门之间的资源共享，也有利于知识在项目内和项目间的交流。

2. 项目团队的工作方式

项目导向型企业通过项目/项目群和项目组合来实现主要业务流程，而项目是通过成立项目团队来完成的，在项目导向型企业中项目团队是主要的工作方式。项目团队成员根据项目类型的不同，是由不同部门成员组成的，是一个临时组成的团队，需要在项目运行期间相互配合，共同完成项目预定目标，合作机制的建立是开展合作的前提和基础。为了发挥项目成员的积极性，项目团队中的成员享有平等的权利，只是分工不同，没有严格的等级划分，即便是项目经理，也与项目组成员具有平等的地位，项目经理负责项目策划和实施，及时做好项目内外的沟通。项目执行过程中项目团队运用项目管理去实现组织目标，项目化管理不仅是一种管理工具和手段，而且会变成组织主要的管理机制，所有这些都促使组织结构更加团队化。为了提高项目团队的决策效率，项目团队除了建立必要的合作、沟通、交流机制，项目经理还需要给团队成员一定授权，使得项目成员在项目内和项目间协调处理中具有一定决策自主性和灵活性。

3. 构建统一的信息平台

建立统一的信息化数据平台有利于提高项目管理效率，一方面，随着项目开展，项目管理需要收集大量的项目信息，项目成员间信息一致性、完整性对完成项目计划具有重要影响，统一的数据平台有利于项目设计、项目执行和项目控制，有利于项目成员了解项目整体情况，从不同角度反映项目执行过程中发现的问题，以便及时解决；另一方面，项目组合管理需要借助管理软件进行项目组合分析，监控项目/项目组合的状况，对多个项目进行统计与比较，从而完成优先级决策。例如，建筑行业中采用的BIM信息化平台软件，可以实现项目设计、施工、运维等项目不同阶段无缝衔接，实现项目成员间高效的信息沟通。因此，企业需要积极完善项目管理信息化建设，引入合适的项目组合管理软件帮助管理决策，能够极大地提高企业绩效。

7.2.7　创建学习型组织，提升企业核心能力

项目导向型企业开展组织学习能够有效提升组织核心能力，项目特定性要求组织在每次项目执行过程中都要建立项目团队、研究项目方案、解决项目目标与企业资源间的平衡。一方面，为了能够适应灵活多变的环境，企业必须准确识别市场潜在需求，及时抓住项目机会；在项目执行过程中，企业需要整合内外资源，实现优化配置；不断进行技术创新，重构项目组合方案，提升项目整体价值。项目团队和组织通过开展组织学习，不断提升企业核心能力，对提升企业绩效、保持企业竞争优势具有重要作用。

组织学习是项目导向型企业的本质需要，通过组织学习，项目团队成员的知识积累可以转化为专业技能和专业素质，可以帮助项目团队提升创新能力(图 7.5)。开展组织学习需要具备如下条件：

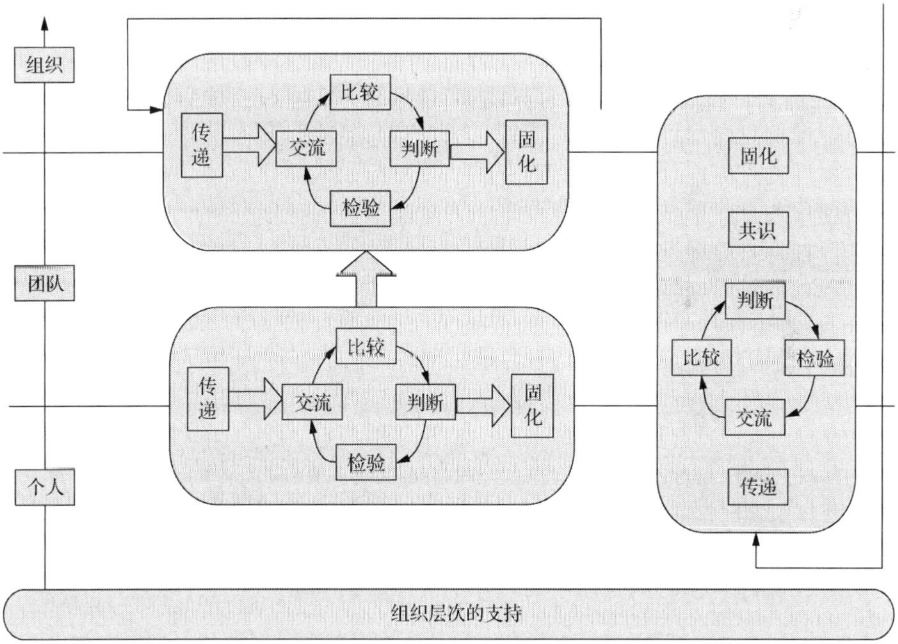

图 7.5　个人知识向组织知识转化机制

1. 组织需要建立共同愿景

共同愿景是组织成员与组织所拥有的共同目标，是成员内心共同持有的价值观，它可以增强成员行动自觉性、提高组织凝聚力、减少成员在思想和行动中的摩擦和内耗，从而降低组织实现共同目标的成本并缩短相应的时间。另外，共同

愿景还可以培育出承担风险与不断创新的精神，激发项目成员为达到共同愿景不断探索、创新，直到最后获得成功。

2. 调整组织结构

建设学习型组织过程中，要求组织结构扁平化、网络化、柔性化。扁平化可以减少组织的纵向管理层次，缩短信息传递的路线；网络化能够提高企业内部各部分连接的效率，增加信息流动的渠道，通过组建团队及其联系网络来达到企业内部组织的目的；柔性化强调组织结构不断自我更新，以把握瞬息变化的机遇，快速响应多变的环境。各部门、层级或组织整体，都具备扁平化、无界限的结构，使得组织内部和外部的沟通、信息流通、单位间的分责及合作达到最佳化。

3. 建立运行机制

构建知识转化机制，实现有效地知识共享与传递，在项目团队内部，通过交流、比较、判断、检验四个步骤，个人知识被项目团队成员共享，项目团队知识进一步转化为组织知识并进入组织知识系统，显性知识以物化的形式进入组织知识库后，完成了知识的组织化；另外，项目团队间还可以通过知识共享的方式进行知识组织化，并以正式或非正式制度、政策的形式固化。建立健全激励机制、知识转化机制和创新机制，保证组织学习持续效果。鼓励团队成员知识转化为组织知识，营造崇尚创新的文化氛围，给予成员信任、理解、尊重、学习和发展的机会，调动员工学习创新的积极性和主动性。

4. 培育组织文化

组织文化是组织的价值、信仰、习惯、仪式及习俗等，是组织中长期形成的、具有组织个性的信念和行为方式。良好的、积极的组织文化是组织保持成功和竞争力的基础，项目导向型企业组织文化融合了项目管理和学习型组织共同的文化特征，强调浓厚的学习氛围、团队协作精神、强烈的创新意识和自我约束与激励。培育组织文化，包括营造有助于组织成员终生学习和知识共享的文化氛围，培育勇于挑战和创新的组织精神。

5. 倡导团队学习

团队学习是实现组织学习的重要途径，通过团队成员的相互学习和激发，形成团队中的智力激荡，最终实现团队智力高于成员个人智力。团队学习建立在良好的运行机制和组织文化基础上，要求团队成员能够以开放和信任的心态，排出个人心理的障碍来进行相互沟通，以达到相互学习和激励的效果。

参 考 文 献

曹涛, 白思俊, 郭云涛. 2014. 基于战略导向的企业项目组合管理流程研究[J]. 科技管理研究, 10: 206-208.

陈玉锋. 2008. 企业商业模式设计及创新研究[D]. 大连: 大连海事大学.

程愚. 2004. 交易分析: 企业活动研究的范式创新[J]. 中国工业经济, (5): 97-104.

杜晓玲. 2013. 项目导向型企业的战略整合研究[D]. 青岛: 中国海洋大学.

郭毅夫. 2012. 商业模式转型影响因素的实证研究[C]//第 14 届中国管理科学学术年会, 济南.

贺小刚, 李新春, 方海鹰. 2006. 动态能力的测量与功效: 基于中国经验的实证研究[J]. 管理世界, 3: 94-103.

侯杰泰, 温忠麟, 成子娟. 2004. 结果方程模型及其应用[M]. 北京: 教育科学出版社.

焦豪, 魏江, 崔瑜. 2008. 企业动态能力构建路径分析: 基于创业导向和组织学习的视角[J];管理世界, 4: 91-106.

李曼. 2007. 略论商业模式创新及其评价指标体系之构建[J]. 现代财经, 27(205): 55-59.

李艳竹, 姜铸. 2016. 基于服务价值增值的制造企业商业模式分析[J]. 价值工程, 5: 238-239.

林易璁, 蔡进丁. 2009. 商业模式对经营绩效的影响——以台湾上市非电子公司为例证[D]. 台湾: 淡江大学.

刘建新. 2010. 基于顾客价值创新的动态竞争优势[J]. 工业技术经济, (5): 18-20.

刘卫星. 2011. 商业模式的系统分析与启示[J]. 工业技术经济, 3(209): 101-106.

刘卫星. 2013. 商业模式对企业绩效影响的实证研究[D], 大连:大连理工大学.

罗珉, 曾涛, 周思伟. 2005. 企业商业模式创新: 基于租金理论的解释[J]. 中国工业经济, (7): 73-81.

王其藩, 1992. 社会经济复杂系统动态分析[M]. 上海: 复旦大学出版社.

王翔, 李东, 张晓玲. 2010. 商业模式是企业间绩效差异的驱动因素吗?—基于中国有色金属上市公司的 ANOVA 分析[J]. 南京社会科学, (5): 20-26.

王益锋, 曹禺. 2013. 科技型小微企业商业模式创新影响因素分析[J]. 科技进步与对策, (18): 13-17.

魏炜, 朱武祥, 林桂平. 2009. 不老神丹就是商业模式重构[J]. 深圳特区科技, (2): 31-33.

文亮. 2011. 商业模式与创业绩效及其影响因素关系研究[D]. 长沙: 中南大学.

翁君奕. 2004. 商务模式创新[M]. 北京: 经济管理出版社.

邬关荣. 2013. 文化创意产业商业模式创新影响因素探讨[J]. 商业时代, 3: 119-121.

项国鹏, 韩思源. 2008. 资源环境约束下"浙商"企业商业模式创新——CESS 价值创造模型及典型案例[J]. 6: 3-8.

许萍. 2013. 基于网络消费的商业模式创新的影响因素研究[D]. 西安: 西安电子科技大学.

杨希若. 2012. 基于商业模式创新的资源整合研究[D]. 上海: 东华大学.

叶乃沂. 2004. 电子商务模式分析[J]. 华东经济管理, 4: 108-111.

易加斌, 谢冬梅, 高金微. 2015. 高新技术企业商业模式创新影响因素实证研究——基于知识视角[J]. 科研管理, 36(2): 50-52.

原磊. 2007. 商业模式体系重构[J]. 中国工业经济, (6): 70-79.

曾萍, 宋铁波. 2014. 基于内外因素整合视角的商业模式创新驱动力研究[J]. 管理学报, 7: 989-996.

曾玉成, 王俊川, 任佩瑜. 2010. 基于企业战略的项目组合管理流程研究[J]. 统计与决策, 9: 177-180.

张敬伟, 王迎军. 2010. 基于价值三角形逻辑的商业模式概念模型研究[J]. 外国经济与管理, 6: 1-8.

章威. 2009. 基于企业动态能力的社会资本与技术创新绩效关系研究[D]. 杭州: 浙江大学.

赵红梅. 2010. 能源企业技术创新影响因素及作用机制研究[D]. 北京: 中国矿业大学.

Afuah A, Tucci C L. 2001. Internet Business Models and Strategies: Text and Cases[M]. New York: McGraw-Hill.

Amit R, Schoemaker P J H. 1993. Strategic Assets and Organizational Rent[J]. Strategic Management Journal, 14(1): 33-46.

Amit R, Zott C. 2001. Value creation in e-business[J]. Strategic Management Journal, 22: 493-520.

Amit R, Zott C. 2002. Value drivers of e-commerce business models//In M. A. Hitt, R. Amit, C. Lucier, &R. D. Nixon (Eds.), Creating value: Winners in the new business environment[C]. Oxford,UK:Blackwell, 15-47.

Amit R, Zott C. 2007. Business model design and the performance of entrepreneurial firms[J]. OrganizationScience, 18: 181-199.

Amit R, Zott C. 2008. The fit between product market strategy and business model: Implications for firm performance[J]. Strategic Management Journal, 29: 1-26.

Animal X. 2008. Storyteller media group. archived from the original on 16 May 2008. Retrieved April 11.

Applegate L M. 2001. Emerging e-business models: Lessons from the field[D]. Harvard Business School, Boston, MA.

Armour Ho, Teece D J. 1978. Organizational structure and economic performance: a test of the multidivisional hypothesis[J]. Bell Journal of Economics, 9(1): 106-122.

Bouwman H, Zhengjia M, van der Duin P, et al.2003. A business model for IPTV service. a dynamic framework[J]. The Journal of Policy, Regulation and Strategy for Telecommunications, Information and Media,(3):22-38.

Brannon D. 2009. Business models and performance: Entrepreneurial appects in the New York wine indurstry[D]. NY, U. S., Syracuse University.

Brannon D. 2011. Business models and performance: Entrepreneurial aspects in the New York wine industry[M]. Syracuse University Press: 8-22.

Brousseau E, Penard T. 2006. The economics of digital business models: a framework for analyzing the economics of platforms[J]. Rev Netw Econ, 6(2): 81-110.

Brush C G, Chaganti R. 1998. Businesses without glamour? Ananalysis of resources on performance by size and age in small service and retail firms[J]. Journal of Business Venturing, 14: 233-245.

Brush C G, Vanderwerf P A. 1992. A comparison of methods and sources for obtaining estimates of new venture Performance[J]. Journal of Business Venturing, 7(2): 157-170.

Casadesus-Masanell R, Ricart J E. 2010. From strategy to business model and to tactics[J]. Long Range Planning, (43): 58-70.

Cavalcante S A, Kesting P, Ulh?i J P. 2011. Business model dynamics and innovation: (Re)establishing the missing linkages[J]. Management Decision, 49(8): 1327-1342.

Chesbrough H W, Rosenbloom R S. 2002. The role of the business model in capturing value from innovation:evidence from xerox corporation's technology spin-off companies[J]. Industrial and Corporate Change, 11(3): 529-555.

Chesbrough H W.2003.A better way to innovation[J]. Harvard Business Review, 81(7): 12-14.

Clark K B, Chew W B, Fujimoto T. 1991. Product Pevelopment in the World Auto Industry: Strategy, Organization and Performance[M]. Cambridge, MA: Harvard Buiness School Press.

Danneels E. 2002. The dynamics of product innovation and firm competences[J]. Strategic Management Journal, 23(12): 1095-1121.

Danneels E. 2004. Disruptive technology reconsidered: acritique and research agenda[J]. Journal of Product and Innovation Management, 21(4): 246-258.

Demil B, Lecocq X. 2010. Business model evolution:in search of dynamic consistency[J]. Long Range Planning, 3: 227-246.

Dosi G. 1982. Technological paradigms and technological trajectories: as suggested interpretation of the determinants and directions of technical change[J]. Research Policy, 11(3): 147-162.

Douglas S P, Craig C S. 1983. International Marketing Research[M]. Englewood Cliffs, NJ: Prentice Hall.

Dubosson-Torbay M, Osterwalder A, Pigneur Y. 2002. E-business model design, classification, and measurements[J]. Thunderbird International Business Review, 44(1): 5-23.

Eisenhardt K M, Martin J A. 2010. Dynamic capabilities: what are they? [J]. Strategic Management Journal, 21(10/11): 1105-1121.

Fiol C M, Lyles M A. 1985. Organizational learning[J]. The Academy of Management Review, 10(4): 803-813.

Gambardella A, McGahan A M. 2009.Business model innovation: general purpose technologies and their implications for industry structure[J]. Long Range Planning, (7): 1-10.

Gareis R. 2004. Management of the project-oriented company, in JK pinto, PWG Morris(eds.), The Wiley Guide to Managing Project [M]. New York: Wiley.

George G, Bock A J. 2011. The business model in practice and its implications for entrepreneurship research[J]. Theory Pract, 35(1): 83-111.

Gibson C B, Birkinshaw J. 2004. The antecedents, consequences and mediating role of organizational ambidexterity[J]. Academy of Management Journal, 47(2): 209-226.

Gilbert C G. 2005. Unbundling the structure ofinertia: resource versus routine rigidity[J]. Academy of Management Journal, 48(5): 741-763.

Gordijn J, Akkermans H. 2001. Designing and evaluating e-Business Models[J]. IEEE Intelligent Systems, 16(4): 11-17.

Greg H, Cassandra P. 2006. Value-creating ecologies: understanding next generation business systems [J]. Foresight: Journal of Futures Studies, Strategic Thinking and Pllicy, 8(1):55-65.

Hamel G. 2000. Leading the Revolution[M]. Boston:Harvard Business School Press.

Heiko Gebauer, 王春芝. 2006. 制造企业服务业务扩展及其认知因素研究[J]. 中国管理科学, 14: 169-175.

Helfat C E, Peteraf A. 2003. The dynamic resource-based view: capability lifecycles[J]. Strategic Management Journal, 24(10): 997-1010.

Johnson M W, Christensen C M, Kagermann H. 2008. ReinventingYour Business Model[J]. Harvard Business Review, 12 : 51-59.

Kagermann H, Zhang W, Osterle H. 2012. Business Models[M]. 北京: 机械工业出版社.

Kannan V. 2005. The resource strategy with individual network, Harvard Business School Cases.

Kaplan R S, Norton D P. 1992. The balanced scored, translating strategy into action[M]. Harvard Business School, Boston.

KeisterLA. 2009. Interfirm relations in China: group structure and firm performance in business groups[J]. American Behavioral Scientist, 52(12): 1709-1730.

Kimberly J R, Quinn R E. 1984. Managing Organizational Transitions, IL[M]. Irwin: Home-Wood.

Kotler P, Armstrong G. 2004. Principles of marketing(10th ed). Upper Saddle River. NJ: Pearson Education.

Kotler P. 1994. Marketing management. Analysis, planning, implementation, and control. Englewood Cliffs, NJ: Prentice-Hall.

Kujala S, Artto K, Aaltonen P, et al. 2010. Business models in project-based firms-Towards a typology of solution-specific business models[J]. International Journal of Project Management, 28(2): 96-106.

Lambert S C. 2010. Progress business model research towards mid-range theory building[D]. University of South Australia, Adelaide.

Lay H C, Chiu Y C, Liaw Y C, et al. 2010. Technological diversification and organizational divisionalization: the moderating role of complementary assets[J]. British Journal of Management, 21: 983-995.

Levitt T. 1980. Marketing success through differentiation-of anything[J]. Havard Business Review, 58(1): 83-91.

Linder J, Cantrell S. 2000. Changing business models: surveying the landscape[R]. Accenture, 5(24): 1-15.

Luo X M, Griffith D A, Liu S S, et al. 2004. The effects of customer relationships and social capital on firm performance: a chinese business illustration[J]. Journal of International Marketing, 12(4): 25-45.

Magretta J. 2002. Why business models matter[J]. Harvard Business Review, 80(5): 86-92.

Malone T W, Weill P. 2006. Do some business models perform betterthan others? [D]. Cambridge, MA: MIT Sloan School of Management Working Paper.

Marsh, Stock. 2009. Absorptive capacity, enviromental turbulence, and the complementary of organizational learning process[J]. Academy of Management Journal, 52(4): 822-846.

Martin J. 2000. Dynamic capabilities-what are they? [J]. Strategy Management,(21): 1105-1121.

Montreuil B, Rouges J, CimonY, et al. 2010 The physical internet and business model innovation[J]. Technology Innovation Management Review, 2(6): 32-37.

Morris M H, Shirokova G, Shatalov A. 2003.The business model and firm performance: the case of russian food service ventures[J]. Journal of Small Business Management, 51(1): 46-65.

Morris M, Schindehutte M, Allen J.2005. The entrepreneurs business model: toward a unified perspective[J]. Journal of Business Research, 58(6): 726-735.

Morris M, Schindehutte M, Richardson J, et al. 2006. Is the business model a useful strategic concept? Conceptual, theoretical, and empirical insights[J]. Journal of Small Business Strategy, 17(1): 27-50.

Osterwalder A, Pigneur Y, Tucci C L. 2005. Clarifying business models: origins, present and future of the concept[J]. Communications of the Association for Information Science, 16: 1-25.

Osterwalder A. 2004.The Business model ontology:A proposition in a design science approach [D]. Swiitzerland, University of Lausanne.

Osterwalder A. Pigneur Y. 2002. An e-Business Ontology for Modeling eBusiness[C]. Proceedings of the 15th BLED Electronic Commerce Conference, Bled Slovenia.

Patzelt H, Knyphausen-Aufse D Z, Niko P. 2008. Top management teams, business models, and performance of biotechnology ventures: an upper echelon perspective[J]. British Journal of Management, 19(3): 205-221.

Petrovic O, Kittl C, Teksten R D. 2001. Developing business models for e-business[R]. International Conference on Electronic Commerce, October31-November 4, Vienna, Austria.

Prahalad C K, Hamel G. 1990. The core competence of the corporation[J]. Harvard Business Review, 68(3): 79- 91.

Rappa M. 2009. Business models on the web: managing the digital enterprise.Retrieved December 2009 from digitalenterprise[EB/OL]. org/models/models. html.

Risto R. 2009. Antecedents to and performance effects of scftware firms' business models[D]. Helsinki, Finland, Helsinki School of Economics.

Scott L. N Shanthi G, Bruce A K. 2008. Looking beyond resources: Exploring the importance of entrepreneurship to firm-level competitive advantage in technologically intensive industries Original Research Article[J]. Technovation, 28(1): 6-19.

Slywotsky A J, Morrison D J, Alderman B. 1998. The Profit Zone: How Strategic Business Design will Lead You to Tomorrow's Profits?[M] Random House, New York.

Slywotsky A J. 1996. Value Migration[M]. Boston, MA: Harvard Business Review Press.

Söderlund J. 2005. Developing project competence: empirical regularities in competitive project operations[J]. Int J Inn Manage, 9 (4): 451-480.

Stewart D W, Zhao Q. 2000. Internet marketing, business models and public policy[J]. Journal of Public Policy and Marketing, 19: 287-296.

Teece D J, Pisano G, Shuen A. 1997. Dynamic capabilities and strategic management[J]. Strategic Management Journal, 18(7): 509-533.

Teece D J. 2007. Explicating dynamic capabilities: the nature and micro-foundations of enterprise performance[J]. Strategic Management Journal,(28): 1319-1350.

Teece D J. 2010. Business models, business strategy and innovation[J]. Long Range Planning, 4(2): 172-194.

Theoharakis V, Hooley G. 2003. Organizational resources enabling service responsiveness: evidence from Greece. Industrial Marketing Management, 32: 695-702.

Thomas J B, Clark S M, Gioia D A. 1993. Strategic sensemaking and organizational performance: linkages among scanning, interpretation, action, and outcomes. Academy of Management Journal, 36(2): 239-270.

Thomas R. 2001. Business Value analysis: coping with unruly uncertainty[J]. Strategy & Leadership, 29(2): 16-24.

Timmers P. 1998. Business models for electronic markets[J]. Electronic Markets, 8(2): 3-8.

Wang C L, Ahmed P K. 2007. Dynamic capabilities: a review and research agenda[J]. International Journal of Management Reviews, 9(1): 31-51.

Weill P, Vitale M R. 2001. Place to Space:Migrating to e-Business Models[M], Boston, Harvard Business School Press.

Williamson O E. 1975. Hierarchies: Analysis and Antitrust Implications[M]. New York: Free Press.

Worren N, Moore K, CardonaModularity P. 2002. Strategic flexibility, and firm performance: astudy of the home appliance industry[J]. Strategic Management Journal, 23(12): 1123-1140.

Wu L Y. 2010. Applicability of the resource-based and dynamic-capability views under environmental volatility[J]. Journal of Business Research, 63(1): 27-31.

Zhou K Z, Li C B. 2010. How strategic orientations influence the building of dynamic capability in emerging economies[J]. Journal of Business Research, 63(3): 224-231.

Zimmerman M A, Zeitz G J. 2002. Beyond survival: achieving new venture growth by building legitimacy[J]. Academy of Management Review, (27): 414-431.

Zollo M, Winter S G. 1999. From organizational routines to dynamic capabilities[R]. A working paper of the Reginal dH. Jones Center, the Wharton School University of Pennsylvania.

Zott C, Amit R, Massa L. 2011. The business model: recent developments and future research[J]. Journal of Management, 5: 1-25.

Zott C, Amit R. 2007. Business model design and the performance of entrepreneurialfirms[J]. Organization Science, 18(2): 181-199.

Zott C, Amit R. 2008. The fit between product market strategy and business model: Implications for firmperformance[J]. Strategic Management Journal, 29: 1-26.

Zott C, Amit R. 2009. The Business Model as the Engine of Network-based Strategies[M]. Upper Saddle River, NJ: Wharton School Publishing: 259-275.

附录A　开放式问卷

尊敬的领导，您好！

此项研究探讨项目导向型企业商业模式及其前因变量与企业绩效之间的影响关系，将为企业在实际中进行商业模式设计和变革、提升竞争能力提供决策依据，具有十分重要的理论及实践意义，您的参与将为此项研究提供宝贵的资料和数据。

本问卷为匿名调查，调查获得的信息资料仅供学术研究之用，敬请您安心填答。

定义：项目导向型企业商业模式是连接企业战略目标和基本业务单元的纽带，也是企业以项目管理方式开展经营活动的基本框架。

1. 请您结合企业实际，从以下四个方面列出影响贵企业商业模式的主要因素（商业模式前因）是什么？请您尽可能地填答，并把您认为最重要的影响因素排在最前面。

（1）项目任务方面：______________________________

（2）项目企业方面：______________________________

（3）项目供应商方面：____________________________

（4）项目外部环境方面：__________________________

2. 您不需要署名，但是为了整体统计和反馈，请您填写以下背景信息。

（1）您的性别：

①男　②女

（2）您的年龄：

（3）您的教育程度：

①本科以下　②本科　③硕士及以上

（4）您所在组织的行业：

①制造业　②服务　③其他

（5）贵企业所属类型为：

①国有企业　②民营企业　③外商独资企业

④合资企业　⑤股份制

（6）您在企业的职位是：

①董事长　②总经理　③部门经理　④项目经理

其他（请注明）__________

(7)您在目前这一单位工作年限：

①3年以下　②4～6年　③7～9年　④10年及以上

十分感谢您抽出时间如实完整地填写本问卷！

附录B　正式调查问卷

尊敬的领导，您好！

感谢您在百忙之中抽空填写这份问卷。本问卷目的是更好地了解商业模式及其前因对企业绩效的影响，属于学术调查问卷。问卷采取不记名的填答方式，您所提供的信息仅供学术研究之用，敬请您安心填答。您所回答的答案并无对错之分，仅希望您能够表达自己的真实意见和想法。

您的热心参与将有助于本研究的顺利完成，在此先向您致上衷心的感谢！

第 一 部 分

下列题项描述了商业模式前因的不同方面，请您根据自己对所在企业的了解，判断题项说明与企业实际是否一致，并根据符合情况来进行选择。(其中1表示完全不符合，5表示完全符合，后续表格相同)

代码	测量题项	非常不符合	比较不符合	一般	符合	完全符合
PJC1	项目产品数品种多，数量大	1	2	3	4	5
PJC2	项目技术难度大，需要进行大量研发工作	1	2	3	4	5
PJC3	项目定制程度高，与同类项目差别较大	1	2	3	4	5
PJC4	项目质量标准高，需要进行专门加工处理	1	2	3	4	5
PJC5	项目任务时间周期长，工期进度协调复杂	1	2	3	4	5
PJS1	项目技术与同类项目主要技术方案相同	1	2	3	4	5
PJS2	与同类项目相比，项目资源需求类似	1	2	3	4	5
PJS3	项目进度可以进行调整，不影响项目交付	1	2	3	4	5
PJS4	项目任务完成后，还要后续任务及相关项目	1	2	3	4	5
ESO1	企业根据行业发展趋势设定长期愿景	1	2	3	4	5
ESO2	企业根据竞争对手制定了竞争策略	1	2	3	4	5
ESO3	企业项目主要面向市场特定客户	1	2	3	4	5
ESO4	企业用于核心技术投入量大小	1	2	3	4	5
EOS1	企业内部运行效率较高	1	2	3	4	5
EOS2	组织柔性，流程专业化程度高	1	2	3	4	5
EOS3	企业内部各部门沟通与合作顺畅	1	2	3	4	5
EOS4	项目团队处理问题的反应速度	1	2	3	4	5

续表

代码	测量题项	非常不符合	比较不符合	一般	符合	完全符合
PBN1	项目供应商渠道是否便捷	1	2	3	4	5
PBN2	同类项目供应商数量多少	1	2	3	4	5
PBN3	项目供应链成员间的合作方式较多	1	2	3	4	5
PBN4	企业在项目价值链定位合理，能发挥自身优势资源和能力	1	2	3	4	5
EOC1	行业技术变革较快，新技术不断出现	1	2	3	4	5
EOC2	市场竞争强度激烈，项目差异化小	1	2	3	4	5
EOC3	原材料价格波动大，市场价格难以预测	1	2	3	4	5

第 二 部 分

下列题项描述了商业模式的不同构成方面，请您根据自己对所在企业的了解，判断题项说明与企业实际是否一致，并根据符合情况来进行选择。

代码	测量题项	非常不符合	比较不符合	一般	符合	完全符合
VP1	项目提供高性能产品/配套服务，价格合理	1	2	3	4	5
VP2	与客户建立密切的合作关系	1	2	3	4	5
VP3	客户满意度和忠诚度高	1	2	3	4	5
VC1	项目内部分工协作，实现价值增值	1	2	3	4	5
VC2	项目间开展协作，实现资源合理配置	1	2	3	4	5
VC3	利用核心资源与关键流程提升客户价值	1	2	3	4	5
VA1	相比同类项目产品，性价比高，定价高	1	2	3	4	5
VA2	相比同类项目，提供优质配套服务，获取持续收入	1	2	3	4	5
VA3	以项目协同方式降低总成本	1	2	3	4	5

下列题项描述了企业绩效的不同方面，请您根据自己对所在企业的了解，判断题项说明与企业实际是否一致，并根据符合情况来进行选择。

代码	测量题项	非常不符合	比较不符合	一般	符合	完全符合
EP1	与同行相比，本企业近两年销售额增长较快	1	2	3	4	5
EP2	与同行相比，本企业投资回报率比以前增加了	1	2	3	4	5
EP3	与同行相比，本企业利润率较高	1	2	3	4	5
EP4	本企业近两年市场份额增长较快	1	2	3	4	5
EP5	本企业近两年不断推出新产品/服务	1	2	3	4	5
EP6	企业近三年投资回报率提高	1	2	3	4	5

下列题项描述了动态能力的不同维度构成，请您根据自己对所在企业的了解，判断题项说明与企业实际是否一致，并根据符合情况来进行选择。

代码	测量题项	非常不符合	比较不符合	一般	符合	完全符合
CSO1	经常通过各种途径了解行业发展现状和趋势	1	2	3	4	5
CSO2	能及时得到潜在项目的信息	1	2	3	4	5
CSO3	经常探索业主或潜在合作伙伴的需求	1	2	3	4	5
CSO4	善于同项目利益相关者打交道	1	2	3	4	5
CIR1	经常从多种渠道获取项目所需的资源	1	2	3	4	5
CIR2	从外部获得新知识或资源能在企业内部充分吸收	1	2	3	4	5
CIR3	能够将企业内外资源进行优化以发挥更大作用	1	2	3	4	5
CIR4	企业的资源可以被不同的项目所共享	1	2	3	4	5
COR1	总是能够及时终止绩效不佳的项目	1	2	3	4	5
COR2	当新的项目机会来临时能及时去争取和竞争	1	2	3	4	5
COR3	总能够灵活调整项目的优先级	1	2	3	4	5
COR4	总是能够适时地对项目组织结构或流程进行调整	1	2	3	4	5
COR5	项目的终止和实施都有正式的决策制定	1	2	3	4	5

第 三 部 分

在下列选项中，请您从中选择与贵企业最相符的一项。

(1)贵企业成立年数：

①2 年以下　②3～5 年　③6～10 年　④11～15 年　⑤16 年及以上

(2)贵企业员工总数为：

①100 人以下　②101～200 人　③201～500 人

④501～1000 人　⑤1001 人及以上

(3)贵企业所属类型为：

①国有企业　②民营企业　③外商独资企业

④合资企业　⑤股份制

(4)贵企业所属行业：

(5)您的性别：

①男　②女

(6)您的年龄：

①30 岁以下　②31～40 岁　③41～50 岁　④51 岁及以上

(7)您在企业的职位是：

①董事长　②总经理　③部门经理　④项目经理

其他(请注明)____________

附录 C　SD 模型变量公式

(01)财务绩效= INTEG(利润增长率，500)
(02)产品性能=(企业战略导向+项目任务复杂性+核心资源与关键流程)/3
(03)创新投入=财务绩效*0.05
(04)服务增值收入=配套服务*5
(05)核心资源与关键流程=(创新投入+项目资源配置能力)/2
(06)活跃客户规模=项目环境+客户满意度+14
(07)价值创造与传递= INTEG (价值转换率，0.5)
(08)价值获取= INTEG (价值获取率，50)
(09)价值获取率=(项目总收入–项目总成本)/7
(10)价值提升率=产品性能*0.7+配套服务*0.3
(11)价值转换率=DELAY1I(核心资源与关键流程*项目内协同度*项目间协同度–2,5, 1)
(12)价值主张= INTEG (价值提升率，100)
(13)客户关系=配套服务*0.5
(14)客户满意度=用户体验/(用户体验+50)
(15)客户增长率=SQRT(活跃客户规模)+0.8
(16)平衡性=项目控制
(17)配套服务=(核心资源与关键流程+项目任务复杂性+1–企业战略导向)/3
(18)普通项目成功= INTEG (项目完成率，0.5)
(19)企业战略导向=3
(20)企业组织结构=0.2
(21)利润增长率=价值获取率+新增客户/6000+3.7
(22)潜在需求=客户关系
(23)协同度=资源共享*重复工作减少
(24)新增客户=(活跃客户规模+潜在需求+项目机会识别能力)/100
(25)新增率=新增客户/100
(26)市场绩效= INTEG (客户增长率，500)
(27)FINAL TIME= 80
(28)未完工项目= INTEG (新增率–完工率，200)
(29)完工率=项目控制

(30) 项目成本节省率=资源优化配置+重复工作减少
(31) 项目环境=2+SIN(RANDOM UNIFORM(0.1, 0.4 , 0.2))
(32) 项目机会识别能力=DELAY1I(EXP(组织学习+3)/2, 9, 0.4)
(33) 项目间协同度=项目任务相似度*0.6+项目商务网络*0.2+项目组合结构*0.2
(34) 项目控制=DELAY1I(项目重构能力，3, 1)
(35) 项目内协同度=(企业战略导向+企业组织结构+项目任务复杂性+项目商务网络+项目控制)/5
(36) 项目任务复杂性=0.96
(37) 项目任务相似度=0.5
(38) 项目商务网络=0.2
(39) 项目完成率= MIN(完工率，MIN(项目成本节省率, 项目质量优良率))
(40) 项目销售收入=(产品性能+重复购买率+项目环境)*10
(41) 项目组合成功= INTEG (项目组合效果，0.5)
(42) 项目组合结构=项目重构能力
(43) 项目组合效果=(协同度+平衡性+战略一致性+普通项目成功)/600
(44) 项目质量优良率=核心资源与关键流程*0.5
(45) 项目资源配置能力=DELAY1I(EXP(组织学习)/2.8, 8, 0.1)
(46) 项目重构能力=DELAY1I(EXP(组织学习)/2, 20, 0.15)
(47) 项目总成本=1–项目成本节省率
(48) 项目总收入=服务增值收入+项目销售收入
(49) INITIAL TIME= 0
(50) 战略体现度=项目组合结构*0.8
(51) 战略一致性=战略体现度+资源有效利用率+项目控制
(52) 用户体验=配套服务
(53) 组织学习=(项目内协同度+项目间协同度)/2
(54) 资源共享=资源优化配置
(55) 资源需求=新增客户
(56) 资源优化配置=项目资源配置能力*资源需求
(57) 资源有效利用率=资源优化配置
(58) 重复工作减少=SQRT(项目间协同度)
(59) 重复购买率=DELAY1I(用户体验/(用户体验+100)，3, 0.05)
(60) SAVEPER= TIME STEP
(61) TIME STEP=1